너에게 성공을 보낸다

삶을 극적으로 바꾸어 성공에 이르는 비결!
너에게 성공을 보낸다

초판 1쇄 발행일 | 2011년 10월 15일

지은이 | 설기문
펴낸이 | 이우희
펴낸곳 | 도서출판 좋은날들

출판등록 | 제388-2010-000044호
등록일자 | 2010년 9월 9일
일원화공급처 | (주)북새통
(121-841) 서울시 마포구 서교동 464-59 서강빌딩 6층
Tel. 02-338-0117 | Fax. 02-338-7160
이 메 일 | igooddays@naver.com
디 자 인 | 강현미
일러스트 | 정일문

너에게 성공을 보낸다

삶을 극적으로 바꾸어 성공에 이르는 비결!

• 설기문 지음 •

좋은날들

You Can Make a Success

우리는 마땅히
성공할 권리가 있습니다

사람은 누구나 성공할 수 있습니다. 성공은 본래 나의 것, 내 안에서 모든 게 비롯되기 때문입니다.

우리는 어째서 날마다 숨을 쉬고 식사를 하고 일을 하며 살아갈까요? 그리고 우리는 어째서 사랑하는 사람과 마주 보며 이야기를 나눌 때 마음이 충만해지며, 벅찬 감격을 경험하는 순간에 가슴이 뛰고 세상이 모두 내 것 같은 생각이 들까요?

여기에 대한 대답은 너무나 간단합니다. 왜냐하면 그것은 우리의 본능이기 때문입니다. 이 물음에 대해 논리적이고 학문적인 대답을 할 수도 있겠지만 '원래 그러했던 것'이라고 이해하는 게 가장 명쾌

할 것입니다. 사실 우리는 배가 고프면 본능적으로 밥을 먹고, 하루 일과를 마치면 본능적으로 잠자리에 듭니다. 이처럼 스스로 의식하거나 인식하지 못하는 순간순간, 우리는 본능적 느낌과 본능적 지혜로 무수한 일들을 처리하며 살아갑니다.

'성공에의 본능' 역시 마찬가지입니다. 사람은 누구나 성공하려는 마음을 가졌다고 할 수 있는데, 이것은 바로 성공하기를 바라는 본능의 표현으로 이해할 수 있습니다. 본능은 우리가 꿈꾸는 성공을 이루어가기를 언제나 바라고 또 알게 모르게 성공의 방향으로 우리를 이끕니다.

뇌와 감각기관은 우리가 성공을 본능적으로 성취할 수 있게 하는 수단과 통로가 됩니다. 우뇌는 우리에게 창의력과 영감을 제공해 성공의 계기를 만들어주며, 좌뇌는 분석과 계산, 논리적인 사고를 통하여 성공을 위한 방향을 제시해줍니다.

더불어 오감, 혹은 육감이라 불리는 감각기관을 통해 우리는 삶의 다양한 즐거움과 행복감을 느끼게 됩니다. 혀끝으로 맛을 알고, 손끝으로는 감촉을 느끼며, 코끝으로 냄새를 맡습니다. 시각을 통해 세상의 온갖 색상과 모습들을 만나게 되며, 청각을 통해 사랑하는 이의 가슴 설레는 말, 파도소리, 새소리 등을 접하며 살아갑니다. 그리고 명상이나 묵상을 통해 내면의 소리를 듣고 현실 너머에 있는 절대자의 소리를 듣기도 합니다.

우리는 이처럼 빛나는 인식체계와 잠재적 무한 능력을 날마다 활용하며 살아가는데, 이 모든 것은 우리의 자원들입니다. 이 넘치도록 풍요한 자원들을 활용하여 성공에의 길을 걷는다는 것은 결코 특별한 누구의 것만이 될 수는 없습니다. 그렇기에 우리는 모두, 누구나가 성공할 수 있어야 합니다.

성공에의 염원은 우리의 본능이다

우리가 성공을 추구하는 것은 본능입니다. 사람은 누구나 성공을 꿈꾸며 살아가도록 만들어졌다고도 볼 수 있습니다. 그래서 성공할 수밖에 없도록 우리는 날마다 우리의 감각 기능, 그리고 내적·외적 자원들을 성공의 길 앞에 쏟아 붓는 데 주저하지 않습니다.

그렇게, 우리는 성공해야만 합니다. 이를 위해 자신 속에 있는 무수한 자원들을 챙겨보아야 하며 또 그것을 개발하고 발전시켜야 합니다. 그리고 깨달아야 합니다. 즉, 우리 안의 성공 본능은 언제나 꿈틀거리며 우리의 성공을 잉태하고 키워가고 있다는 사실을 말입니다. 그렇게 함으로써 우리는 성공해야만 할 그 권리를 마땅히 행사하게 되는 것입니다.

하지만, 성공에의 염원이 본능이라고 하더라도 성공은 결코 그냥 얻어지는 게 아닙니다. 성공은 절대로 그냥 오지 않습니다. 이 세상에는 무엇 하나 공짜가 없다고 했습니다.

성공을 위해서는 기꺼이 자신의 목표를 이루기 위한 투자가 필요합니다. 노력과 시간의 투자가 있어야 하고 또 마음 씀씀이의 투자도 있어야 합니다. 이것들은 모두 성공을 불러오는 원천 에너지가 됩니다. 마치 시골집 마당의 펌프로 물을 끌어올리기 위해서는 마중물이 필요하듯이, 성공을 위해서도 반드시 마중물에 해당하는 그 무엇을 투자해야 합니다.

다만, 성공을 위해 모든 것을 다 잘할 필요는 없습니다. 마찬가지로 노력만으로 꿈을 이룰 수 있다는 것도 현실에서는 '언제나 참'이 아닙니다. 운과 기회는 준비된 자에게 찾아오지만, 막무가내의 노력은 분명히 한계가 있습니다. 아니, 그래야만 삶의 고달픈 현실이 설명이 됩니다.

성공은 가치 있는 이상을 실현하는 것

미국의 저명한 동기부여가이자 성공학의 대가였던 얼 나이팅게일Earl Nightingale은 '성공은 가치 있는 이상을 실현하는 것'이라고 했습니다.

그런데 사람들마다 추구하는 '가치 있는 이상'은 다를 것이므로 성공을 일괄적으로 어떤 것이라고 규정짓기는 어렵습니다. 즉, 어떤 결과가 성공에 해당하는지는 각자의 가치 기준에 따라 다르게 평가되는 것입니다. 어떤 이는 사장이나 전문직, 고위관료, 고액자산가가 되는 것을 성공으로 여기겠지만, 또 어떤 이는 생활에 큰 걱정 없이 자기 일에 보람을 느끼는 것을 성공으로 여길 수도 있습니다.

그 기준이 무엇이든 우리는 누구나 각자의 가치 있는 이상을 추구하며 그것을 실현함으로써 성공을 경험하고 싶어 합니다. 하지만, 구체적인 원리나 방법을 잘 몰라서, 혹은 우물쭈물하는 사이에 성공에서 멀어지는 경우가 우리 주위에는 정말 많습니다.

이 책은 바로 그러한 사람들을 위해 쓰였습니다. 당장에 처한 현실에 크게 힘들어하지 않고, 실패에 아파하지 않으며, 저마다의 가치 있는 이상을 향해 한 걸음 한 걸음 나아갈 방법과 마음가짐을 담아내고자 애썼습니다.

사연 없는 무덤은 없다고 했듯이, 사람은 누구나 인생을 살면서 고통을 경험하고 힘든 고비를 넘기게 됩니다.

저 역시 갖가지 고비를 넘기며 여기까지 살아왔습니다. 어린 나이에 아버지를 여읜 이래 '초등학교만이라도 졸업시켜 농사일에서 벗어나게 해주겠다'는 어머니의 소박한 바람을 넘어 미국에서 박사학위를 취득하고 교수가 되기까지는 많은 어려움이 뒤따랐습니다.

그런 제게 곁에서 힘이 되어준 아내 나경, 딸 승희, 아들 현준에게 고마움을 전합니다. 성공과 고난의 길을 함께하면서 이들은, 사람은 누구든 혼자서는 성공할 수 없다는 소중한 가르침을 깨치게 해주었습니다.

성공의 경험을 한 단계 한 단계 높여올 수 있었던 저의 경험, 그리고 마음 분야의 전문가로서 제가 깨달은 성공 비결이 우리의 성공을 앞당길 수 있다면 얼마나 좋을까요! 힘들고 어려운 성공의 길에서 저마다의 가치 있는 이상을 실현하는 데에, 아무쪼록 이 책이 작은 밑거름이 될 수 있기를 바랍니다.

2011년 가을에
설기문

Contents

프롤로그 – 우리는 마땅히 성공할 권리가 있습니다

PART 1 You Can Make a Success
위기는 언제나 나 자신이다

01 나는 분명히 '할 수 있었다' · 17
그럼에도 불구하고 성공하라 | 실천하는 자가 이긴다

02 두려움이 성공을 가로막는다 · 25
유재석, 숯불 위를 맨발로 걷다
두려움이야말로 인생의 크나큰 적
두려움을 없애려면 원하는 것에 집중하라

03 성공으로 가는 네 가지 길 · 36
선택의 폭과 성공의 상관관계
성공을 위해서는 성공의 선택을 하라

04 내 인생에서 가장 소중한 것들 · 46
나는 정말로 성공을 원할까? | 자원이 많아야 성공한다

05 누가, 왜 성공하는가? · 57
실패 앞에서 멈추지 마라 | 기회를 만드는 것의 중요성
신념과 의지의 힘 | 성공한 사람을 모방하라

PART 2

You Can Make a Success
결심과 노력에 관한 심리학적 고찰

01 성공은 간절히 바라는 데에서 시작된다 · 75
성공의 언어가 성공의 마음을 만든다
사고와 행동의 패러다임 전환

02 결심이 습관으로 이어지지 않는 이유 · 84
행동이 아닌 행위에 초점을 맞춘다
변화를 바란다면 정신을 차려라

03 좋은 질문이 좋은 결과를 만든다 · 92
문제 중심의 질문 vs 해결 중심의 질문

04 일과 사람으로부터 편안해지는 비결 · 100
기억을 지우는 대신 부정적 정서를 없애라
연합, 감정에 몰입하다 | 분리, 강 건너 불구경하듯 하다
마음의 의도적인 변화와 NLP | 앵커링 기법으로 마음 다스리기

05 성공의 당위성과 타당성에 답하라 · 120
모든 행복과 불행의 원인, 행동과 습관
목표 달성을 앞당기는 이미지 트레이닝

PART 3

You Can Make a Success
잠재의식은 답을 알고 있다

01 언어와 자기암시의 힘에 관하여 · 133
원하는 마음을 스스로 창조한다
자기최면과 끌어당김의 법칙
자기암시 문장을 만드는 요령

02 잠재의식을 알면 성공이 보인다 · 143
의식과 무의식은 어떻게 다를까?
잠재의식은 힘이 세다 | 성공하려면 의식과 무의식을 통합하라

03 성공에 이르는 4단계 · 153

04 생각만으로도 불행이 닥칠 수 있다 · 159
제한적 신념이 나를 힘들게 한다 | 자성 예언과 피그말리온 효과

05 마음을 다스린다는 것 · 164
긍정적 자기최면과 부정적 자기최면 | 마음 버릇을 고쳐라
원하는 이미지를 비유법으로 표현하라
주먹을 꼭 쥐면 자신감이 생긴다

06 나를 벗어나 진짜 나를 바라보라 · 178
자신을 포장하거나 숨기지 말아야 하는 이유
스스로를 내려다보는 공중분리 기법

PART 4 You Can Make a Success
열쇠는 멀리에 있지 않다

01 하나를 바꾸면 모든 게 바뀐다 · 189
걸림돌, 짐은 내려놓고 떠나자
디딤돌, 내가 잘하는 것을 더욱 잘하기

02 보는 사람이 꽃이면 보이는 것도 꽃이다 · 202
맥락 관점 바꾸기와 의미 관점 바꾸기
관심의 초점을 바꾸어 문제 해결하기

03 신념은 행동을 지배하고 기억을 조정한다 · 212
할 수 없는가? 하고 싶지 않은가? | 부정적인 신념 대체하기

04 작은 성공이야말로 성공의 어머니 · 220

05 라포르가 있는 곳에 성공이 보인다 · 226
스스로를 이끄는 힘, 자기와의 라포르
마음을 움직이는 기술, 타인과의 라포르
동질감을 유도하는 맞추기 기법

06 감각적 민감성과 행동적 융통성 · 234
탁월한 감각이 성공을 앞당긴다
행동적 융통성이 나를 변화시킨다

07 어제와 다른 오늘, 오늘보다 나은 내일 · 240

에필로그 – 하면 할 수 있습니다

PART 1

You Can Make a Success
위기는 언제나
나 자신이다

세상이 당신을 버렸다고 생각하지 마라.
세상은 당신을 가진 적이 없다.
– 로베르 피레 –

나는 분명히 '할 수 있었다'

인 생은 선택입니다. 우리의 삶은 매 순간 선택의 연속으로 이루어집니다. 지금 이 순간, 여러분은 이 책을 선택했고 다른 무언가를 하는 대신 책을 읽고 있습니다.

우리가 하는 선택은 단기적, 그리고 장기적으로 우리의 삶에 직간접적인 영향을 미칩니다. 선택이 쌓이고 쌓여 유무형의 결과로 이어지는 것이지요. 마찬가지로, 우리가 책을 읽기로 한 선택은 어떤 형태로든 다른 일에 영향을 미치게 되어 있습니다. 삶의 고비마다 신중한 선택을 해야 하는 이유는 바로 그 때문입니다.

하지만, 살다 보면 그렇게 해서는 안 되는 줄 알면서 '또 그렇게'

선택하고야 마는 경우가 참 많습니다. 공부하지 않으면 시험에 떨어지는 줄 뻔히 알면서 놀기 바쁘고, 저축을 하지 않으면 돈이 모이지 않는 걸 뻔히 알면서 당장에 돈을 쓰는 데 정신이 없습니다.

이것은 어찌 보면 당연할지도 모르겠습니다. 이성理性과 논리만으로는 설명이 안 되는 게 사람의 마음이니까요. 대다수의 성공학 책이나 자기계발서들이 간과하고 있는 부분도 바로 이 지점입니다.

'나는 아무리 잘하고 싶어도 잘 안 되는데 무조건 이러이러하게 하라'고만 합니다. 세상에 성공을 마다할 사람이 누가 있을까요? 성공하고 싶은 마음, 돈을 벌고 싶은 마음, 명예를 얻고 싶은 마음, 하다못해 담배를 끊고 싶은 마음, 다이어트를 하고 싶은 마음만큼은 굴뚝같지만, 잘 안 되니까 속이 상하고 애가 타는 것입니다.

이러한 경우에는 대개 성공의 방법을 몰라서라기보다는 내 안의 성공 의지, 실천 의지가 부족하다는 게 문제의 본질입니다. 요령이나 테크닉은 그 다음입니다.

성공을 위해서는 하고 싶은 마음은 있어도 왜 실천이 안 되고 노력이 뒤따르지 않는지, 그러한 결심과 노력과 실천을 방해하는 것은 무엇인지에 대한 깨침이 있어야 합니다. 물론 계획 세우기나 실천 요령 같은 기술적인 요소 또한 성공의 조건에 속합니다만, 그 경우에도 정작 중요한 것은 '나의 마음'입니다.

요컨대, 성공은 마음에서 처음 비롯되어 마음에 의해 비로소 그 길이 열립니다. 그러면 지금부터 성공을 앞당겨주는 마음과 그 길에 대한 설명을 시작하겠습니다.

| 그럼에도 불구하고 성공하라

사실, 우리는 능력 자체가 모자라서 성공에 이르지 못한 경우보다는 '할 수 있지만 하지 않은 경우'가 훨씬 많습니다. 성공할 수 있었지만, 우리 스스로 성공을 멀리한 셈이지요.

비가 오면 도로는 뒤엉킨 차량들로 정체되기 마련입니다. 그 영향으로 출근시간에 지각하거나 약속에 늦곤 하는데, 이 같은 경험을 몇 번 겪은 사람은 비 오는 날이면 으레 평소보다 서둘러 길을 나섭니다. 그런데 어떤 사람들은 아무 생각도 준비도 없이 있다가 막상 지각해놓고는 "비 때문에 늦었어요."라고 둘러대기 일쑤입니다.

성공의 관점에서 이 말은 과연 옳을까요? 비단 비 오는 날의 약속 문제뿐만이 아닙니다.

"회사일이 바빠서 자기계발은 엄두도 못 내요."

"버는 게 뻔한데 어떻게 저축을 해요."

"상대방이 욕을 하니까 나도 했죠."

"상사에게 물어봐도 대답을 잘 안 해주니까 기분이 나빠요."

상황은 제각기 다르지만 이 같은 언급에는 한 가지 공통점이 있습니다. 모두 '~ 때문에 어떤 반응이 일어났다'고 하는 것입니다. 즉, 나 자신이 아닌 외부의 상황이나 자극 때문에 그렇게 할 수밖에 없었다고 말합니다. 이 말을 반대로 해석하면 '그런 상황이나 자극이 없었다면 나는 그렇게 반응하지 않았을 것'이라는 뜻이 됩니다.

물론 그런 상황이나 자극이 없었다면 우리는 그렇게 하지 않았을 것입니다. 비가 오지 않았더라면 늦지 않았을 것이고, 돈을 많이 벌면 저축도 웬만큼 했을 것입니다.

하지만, 여기서 놓치지 말아야 할 게 있습니다. '비'와 '벌이'는 내가 당장 어떻게 할 수 있는 게 아닙니다. 다시 말해, 우리의 통제 영역이 아닙니다.

수학과 통계학에는 독립변인과 종속(의존)변인이라는 개념이 있습니다. 독립변인은 스스로 특정 값을 가질 수 있는 요인을 말하고, 종속변인은 스스로는 어떻게 하지 못하고 독립변인에 의해 움직이거나 결정되는 요인을 말합니다. 즉, 독립변인은 원인에 해당하고 종속변인은 결과에 해당하는 것이지요.

$y=ax+b$라는 일차방정식에서 a와 b를 상수라고 할 때 x는 독립변인, y는 종속변인입니다. y에 해당하는 값은 x의 값에 따라 결정되고 변합니다. 앞에서 살펴본 우리의 일상적인 상황을 이 방정식에 한번 대입해보겠습니다.

$$y = ax + b$$

종속변인(결과)　　독립변인(원인)

'비가 와서 늦었다', '버는 게 뻔해서 저축을 못 한다'라는 말을 방정식에 대입해보면 '비가 와서'와 '버는 게 뻔해서'는 원인이자 독립변인인 x에 해당합니다. 그리고 '늦었다'와 '저축을 못 한다'는 결과이자 종속변인인 y에 해당합니다.

이런 논리로 생각해보면, 우리는 삶의 다양한 장면에서 독립변인의 입장에 서지 못하고 종속변인의 입장에 있다는 사실을 알 수 있습니다. 그런데, 종속변인은 독립변인의 값에 따라 자신의 값이 결정되므로 스스로 책임질 것이 없을 뿐 아니라 항상 독립변인에 끌려다니게 됩니다. 자신의 일에 주체적으로 책임지지 않고, 덩달아 스스로 삶의 주인이 되지 못하는 것이지요.

아래 질문을 스스로에게 던져보기 바랍니다.

- 회사일이 바쁘면 자기계발은 꼭 포기해야 하는가?
- 버는 게 뻔한 사람들은 모두 저축에 손놓고 있을까?
- 상사가 대답을 잘 안 해주니까 나도 똑같이 무시해야 할까?

성공하는 삶, 건강한 삶을 유지하려면 종속변인에서 독립변인으로 돌아가야 합니다. 우리가 관심을 가져야 할 것은 '~ 때문에'가 아니라 '~에도 불구하고'입니다. 회사일이 바쁜데도 불구하고 자기계발에 힘을 쏟아야 하며, 버는 게 뻔한 상황에서도 저축을 해야 합니다. 또 상사가 내게 시큰둥하더라도 그를 내 편으로 만들거나 업무 노하우를 배워야 합니다.

우리가 진정으로 '~에도 불구하고'라고 말할 수 있다면 스스로 독립변인이 되어 내가 원하고 생각하는 대로 삶을 끌고 갈 수 있습니다. 내 인생의 주인공이 되어 더 이상 외부 상황에 끌려다닐 필요가 없는 것입니다. 이것이 삶의 주도성이며, 성공에 이르는 길입니다.

돌이켜보면, 우리는 인생의 매 순간을 선택할 수 있었고 또 성공할 수 있었습니다.

해마다 연초가 되면 한 해의 목표를 정하고 그것을 이루고자 결심하고 또 노력하지만, 결국 작심삼일로 끝나는 경험을 흔히 하게 됩니다. 그 이유는 여러 가지가 있겠지만 결국은 '~ 때문에'를 인정하면서 종속변인의 입장에 서기 때문이 아닐까요? 그렇게 스스로와 타협했기 때문이 아닐까요?

행여 '내 마음'이라 하여 스스로를 과신해서는 안 됩니다. 내 마음, 내 행동이라 하지만 우리는 이것들을 우리의 의지대로 이끄는 방법을 아직 잘 알지 못합니다. 이 부분에 관해서는 천천히 설명드릴 요량입니다만, 우선 이것 하나만 기억해두기 바랍니다.

'성공하는 인생은 자신이 삶의 주인이 될 때 비로소 가능해집니다.'

더 이상 종속변인이기를 거부하고 스스로 독립변인이 되고자 노력할 때 성공을 움켜쥘 수 있습니다. 스스로에게 하는 평계는 그만두고 '어떻게 내 삶의 주인공이 될 것인가'에 대한 답을 우리 스스로 구할 수 있어야 합니다. 셰익스피어가 말했듯이, 위기는 언제나 나 자신입니다.

| 실천하는 자가 이긴다

또 한 가지 당부드릴 게 있습니다. 아무리 뛰어난 성공 원리라 하더라도 실천이 없으면 그것은 허언이요, 그림에 불과합니다. 책의 본문에서는 성공의 원리와 마인드, 목표 세우기와 계획 요령, 잠재의식 활용하기 등을 다양하게 소개할 텐데, 실천이 뒤따르지 않는다면 죄다 헛일이 될 수도 있습니다.

그림은 그림일 뿐 결코 현실이 아닙니다. 말과 생각, 원리만으로는 성공이 이루어지지 않습니다. 그것들을 현실에서 실천하고 적용하려는 의지가 있을 때 그리고 실제로 실행될 때라야 가치가 있고 효과가 있습니다. 성공은 실천에서 나옵니다. 실천하는 자가 이깁니다.

사람들은 저마다 숱한 다짐을 하고 결심을 하며 살아갑니다. 자기계발과 저축, 금연과 금주, 다이어트, 성실과 노력에 관한 결심 등등 수없이 많은 다짐을 하지만 성공하는 비율이 극히 낮은 건 어째서일까요? 그것은 다짐의 요령이 잘못된 외에도 실천이 충분하지 않았다는 게 문제의 핵심입니다.

계획, 전략, 비전이 아무리 좋고 화려하더라도 꿈을 현실화시키기 위해서는 실천이 꼭 필요합니다. 실천이야말로 성공을 앞당기는 실질적인 힘입니다. 세상에 제 이름자를 남기거나 자기 분야에서 일가家를 이룬 성공인들은 누구라 할 것 없이 모두 '실천인'이었다는 사실을 잊지 않기 바랍니다.

02

두려움이 성공을 가로막는다

성공을 위해 우리는 분명히 할 수 있었음에도 불구하고 하지 않은 것은, 혹은 하지 못한 것은 어째서일까요? 여기에는 다양한 이유가 있을 것입니다. 경제적 여건이 맞지 않았을 수도 있고 시간이 부족했거나 천성이 게을러서 못 했을 수도 있습니다. 왜 성공해야 되는지 스스로 그 이유를 찾지 못했거나 그냥 하기 싫었기 때문일 수도 있습니다.

그런데, 적어도 우리에게 성공할 뜻이 있었고 웬만큼 노력을 기울였는데도 성공의 길에 들어서지 못했다면 그것은 바로 두려움 때문일 가능성이 큽니다. 두려움이 걸림돌이 되어 나의 도전, 나의 성공을 가로막은 것이지요.

이와 관련해, 두려움의 본질에 대한 깨달음을 얻을 수 있었던 오래전 경험을 하나 들려드리겠습니다. 2001년 초여름 어느 날의 일이었습니다.

저는 미국 캘리포니아 남부, 어느 도시의 호텔에서 진행된 세미나에 참석하고 있었습니다. 자기계발과 성공을 주제로 한 세미나였는데, 미국 전역을 순회하면서 보통 때도 수천 명의 사람들이 참석할 만큼 유명한 세미나였기에 저의 호기심과 기대는 아주 컸습니다.

세미나 첫날, 교육이 어느 정도 진행되던 늦은 오후에 강사(덩치가 커 '거인 강사'로 불렸습니다.)가 우리를 넓은 주차장으로 안내했는데, 그곳에는 캠프파이어용 통나무 장작이 잔뜩 쌓여 있었습니다. 거인 강사는 캠프파이어 주변으로 사람들을 모은 다음 불을 지피고 행사를 진행했습니다. 그가 소리쳤습니다.

"잠시 눈을 감고 불의 기운을 느끼세요. 그리고 떠오르는 추억이 있으면 그 기억 속으로 들어가 보세요."

얼마간 시간이 흐르자 장작불은 활활 타오르면서 조금씩 무너져 숯으로 변해 갔습니다. 이윽고 불기운이 더욱 뜨거워지고 쌓여 있던 장작이 거의 다 허물어졌을 무렵 거인 강사는 우리를 대형 컨벤션홀로 들어가게 했습니다.

이곳에서 참석자들은 잠시 후에 벌어질 특별 이벤트를 위한 마음 훈련을 시작했습니다. 특별 이벤트란 조금 전까지 활활 타오르던 장작이 숯으로 변하기를 기다렸다가 그 숯으로 만든 길을 맨발로 걸어가는 것, 이른바 숯불걷기firewalking였습니다.

저를 포함한 참석자들은 이 행사에 대해 호기심을 느끼는 한편으로 두려움이 앞섰지만, 마음 훈련을 통해 불안한 마음을 이겨 갔습니다.

우리는 다시 밖으로 나왔습니다. 밤은 더욱 깊어졌고 장작불은 거의 다 타 숯이 되었습니다. 주차장 곳곳에는 진행요원들이 여러 개의 숯불 길을 일정한 길이로 만들고 있었습니다. 잠시 후에 우리는 그 숯불 위를 맨발로 걸어야 했습니다.

저는 솔직히 두려웠습니다. 불안한 마음에 다른 사람들이 하는 것을 구경이나 해야겠다고 생각했습니다. 그런데 공교롭게도, 나의 바람과는 달리 앞에서 세 번째로 서게 되어 어쩔 수 없이 남들보다 먼저 숯불 위를 걸어야 했습니다.

우리 모두는 두려운 마음을 진정시키기 위해 마음 훈련에서 교육받은 대로 손뼉을 치면서 "cool moss!(시원한 이끼)"를 큰소리로 되풀이해 외쳤습니다.

드디어 제 차례가 왔습니다. 저는 머릿속이 하얘졌지만 어떤 거부할 수 없는 힘에 이끌려 숯불 길 위로 맨발을 내딛었습니다. 아직 벌

겋게 타고 있는 숯, 이글거리는 불길이 살아 있는 숯 위를 말입니다.

몇 발자국을 걸었을까? 박수 소리와 환호성이 여기저기서 터져 나왔습니다.

'내가 해냈다! 내가 숯불 위를 걸었다!'

저도 함께 소리치면서 사람들의 환호에 응답했습니다. 그때 느꼈던 벅찬 자부심과 성취감은 직접 경험해보지 않고는 아마 누구도 이해하기 어려울 것입니다.

숯불걷기의 기적이 일어나도록 우리를 이끈 거인 강사는 그 유명한 앤서니 라빈스Anthony Robbins였습니다. 세계적인 베스트셀러 《네 안에 잠든 거인을 깨워라》의 저자이기도 한 그는, 젊은 시절 오랜 방황 끝에 자기만의 교육 프로그램을 개발해 자기계발과 성공학 분야에서 최고의 강사가 된 사람입니다.

| 유재석, 숯불 위를 맨발로 걷다

제가 그러했듯이 붉게 이글거리는 숯불 앞에서는 누구나 주저하기 마련입니다. 바로 두려움 때문입니다. 불에 데거나 다칠지도 모른다는 두려움 말입니다. 사실, 제대로 교육을 받고 용기를 내면 누구나 숯불 위를 무사히 걸을 수 있는데도 사람들은 두려움이 앞서

발을 내딛기도 전에 주저하고 피합니다.

여담입니다만, 숯불걷기의 감동이 너무도 컸던 저는 이 프로그램을 사람들에게 알리고자 강사 자격을 따기로 마음먹었습니다. 이후 수소문 끝에 라빈스에게 숯불걷기를 실제로 가르쳤던 톨리 버컨Tolly Burkan을 찾아가 직접 지도를 받을 수 있었고 마침내 강사 자격증도 취득했습니다.

국내에서도 숯불걷기 프로그램을 여러 차례 성공적으로 개최하였는데, 몇 해전에는 MBC 〈무한도전〉에서 시범을 보인 적도 있었습니다. 유재석을 비롯해 유난히 겁이 많았던 멤버들이 숯불걷기를 통해 두려움을 극복할 수 있도록 도와달라는 제작진의 요청에 흔쾌히 응했던 것입니다.

숯불걷기는 각자에게 최면요법을 실시한 다음 이루어졌는데, 유재석만 성공하고 나머지 멤버들은 모두 줄행랑을 치던 모습이 지금도 생생하게 떠오릅니다.

멤버들이 서로 도망가기 바빴을 만큼 숯불이 무섭고 두려워 보이는 것은 사실입니다. 하지만, '나는 할 수 있다'라는 믿음이 있고 숯불 위를 걷는 요령만 알면 숯불걷기는 안전합니다. 무섭다는 생각이야말로 두려움의 가장 큰 원인입니다. 이 무서움이 어디에서 오는 것인지, 무서움의 실체를 알면 더 이상 두렵지 않은 법인데도 사람들은 무서움의 대상을 바로 보려고 하지 않습니다.

숯불은 인생의 장애물이나 걸림돌에 대한 비유이자 상징이라고 할 수 있습니다. 이 숯불로 상징되는 인생의 장애물은 누구에게나 찾아오지만, 그것을 밟고 지나가는 사람만이 목표를 이루고 성공에 도달할 수 있습니다.

그러기 위해서는 먼저 두려움을 이겨야 합니다. 그리고 자신감과 용기를 가져야 합니다. 겉으로는 두렵고 무서워 보이지만, 그래서 많은 사람들이 주저앉고 포기해버리지만 두려움을 이기고 목표에 집중한다면 우리는 해낼 수 있습니다.

눈앞의 장애물에 위험을 느껴 두려움에 떨고만 있으면 결국 인생의 어떤 장애물도 극복하지 못합니다. 장애물 너머에 있는 성공의 길에서도 점점 멀어질 것입니다.

| 두려움이야말로 인생의 크나큰 적

두려움이란 무엇일까요? 두려움을 뜻하는 영어 단어는 FEAR입니다. 그리고 한자로는 불안不安입니다. 이 단어는 편안하지 못한 상태, 즉 안절부절못하는 마음을 뜻합니다.

FEAR란 단어에 대해서도 살펴보겠습니다. 이 단어는 앞 글자를 따서 False Evidence Appearing Reality로 해석하면 그 뜻이 더욱 명확해집니다. 우리말로 옮기면 '사실처럼 보이는 거짓된 증거'라는 뜻입니다. 그러니까 두려움이란 사실이 아님에도 불구하고 마치 사실인 것처럼 느껴 겁을 먹는 현상이나 심리를 의미한다고 볼 수 있습니다.

여기서 중요한 것은 '실제로 그러한 상황이 아님에도 불구하고' 잘못된 평가나 판단에 근거해 일이 잘못될 것이라고 지레짐작할 때 두려움이라는 감정이 생긴다는 사실입니다. 따라서 두려움은 겪지 않아도 될 가상의 적이라고 할 수 있습니다. 어쩌면 우리는 실제로 존재하지 않는 가상의 적을 두고 불필요하게 또는 필요 이상으로 겁을 먹고 있는지도 모릅니다.

두려움은 성과를 내지 못하게 하고 원하는 삶을 살지 못하게 방해하는 인생의 크나큰 적입니다. 두려움이 문제가 되어 심리적으로는 불안, 공포, 우울, 분노, 강박증, 자신감 결여, 의욕 상실 등의 증상으로 나타나고, 행동적으로는 중독적 습관(흡연, 음주, 도박 등), 파괴적 행동이나 좋지 않은 습관 같은 문제 행동을 일으키곤 합니다.

우리 주변에는 능력이 출중하고 사회적으로도 인정받지만 이와 같은 걸림돌, 즉 심리적·행동적 문제 때문에 자신이 가진 능력을 충분히 발휘하지 못하거나 속병을 앓는 사람들이 의외로 많습니다. 그 대표적인 방해 요소가 바로 두려움입니다. 두려움에 맞서지 않고는 결코 성공에 다가갈 수 없습니다.

| 두려움을 없애려면 원하는 것에 집중하라

두려움을 이기려면 '내가 원하는 것'에 초점을 두어야 합니다. 모든 두려움은 '내가 원하지 않는 것'에 초점을 두기 때문에 생깁니다. 그렇다면 내가 원하는 것에 초점을 둔다는 말은 어떤 의미일까요? 이 물음에 대한 답을 얻기 전에 아래의 간단한 실험을 따라해보기 바랍니다.

의자 위에 올라가서 반듯하게 서 있는 자신의 모습을 상상해보세요. 실제로 의자 위에 올라가봐도 좋은데, 바로 선 자세에서 잠시 눈을 감고 두세 번에 걸쳐 심호흡을 합니다. 이때, 불안감을 느끼지 않으면서 편안하게 서 있을 수 있나요? 어쩌면 별다른 느낌이 없을지도 모릅니다.

이제 눈을 감은 채 가볍게 춤을 춰보세요. 어떻습니까? 아마 대부분의 사람들은 자연스럽게 춤출 수 있을 것입니다. 높이가 불과 40cm, 즉 무릎 높이 정도밖에 되지 않는 의자 위에서는 누구라도 별 위험을 느끼지 않을 테니 말입니다.

이번에는 의자의 높이가 1m 정도로 높아졌다고 가정해봅니다. 그 위에서 처음처럼 눈을 감고 서 있거나 춤을 출 수 있는지 상상해보세요. 처음에 춤을 추었을 때의 느낌과는 어떻게 다를까요? 다시 의자가 차츰 높아져 3m, 5m, 10m 높이가 된다고 상상합니다. 눈을 감고 가만히 서 있거나 춤추는 게 가능한 것은 어느 정도 높이인가요?

이 실험은 상상만으로도 충분히 가능한데, 이 경우에는 집중을 잘 해서 실감이 나도록 상상하는 게 관건입니다. 상상이 잘 된다면 아주 높은 의자에 앉아 있는 것 같은 아찔함을 느낄 수 있을 것입니다.

그런데, 따지고 보면 의자가 높아지더라도 의자의 면적은 좁아지지 않습니다. 적어도 이론적으로는 높이 40cm 정도인 의자 위에서 눈 감고 서 있을 수 있었다면 4m나 40m 높이에서도 눈을 감고 서 있을 수 있어야 합니다. 그리고 춤도 출 수 있어야 합니다.

하지만 실제로는 그렇게 하지 못합니다. 높이가 높아질수록 두려움이 커질 것이고, 어느 정도 높이 이상이 되면 의자에 앉아 있는 것조차 불가능할 것입니다.

왜 이런 현상이 생길까요? 그것은 당연히 두려움을 느껴서인데, 이 두려움은 우리가 '원하는 것'이 아닌 '원하지 않는 것'에 초점을 두기 때문입니다.

다음 쪽(34p)의 그림에서 의자에 엉덩이가 닿는 공간을 안전영역이라고 합시다. 이 정도 면적이면 눈을 감고 서 있어도 전혀 위험하지 않으며, 심지어 가볍게 춤을 출 수도 있을 만큼 안전합니다. 사람들은 안전영역에 집중하면서 의자 위 공간을 얼마든지 활용합니다. 다만, 땅 바로 위에 있을 경우에만 그렇습니다.

의자의 높이가 올라갈수록 사람들은 안전영역에 집중하지 못하

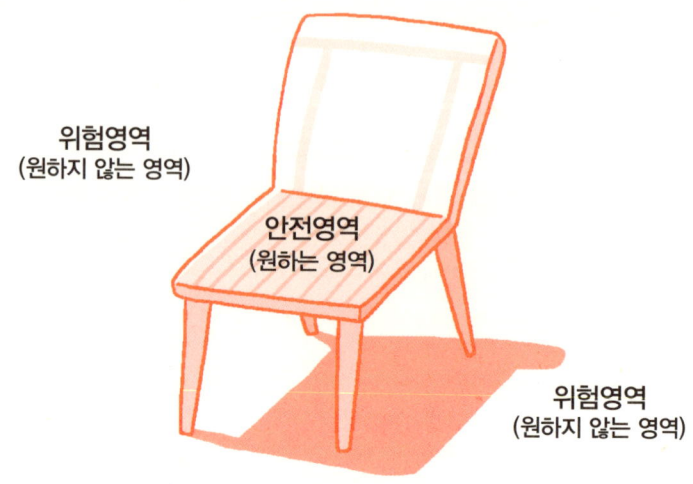

위험영역
(원하지 않는 영역)

안전영역
(원하는 영역)

위험영역
(원하지 않는 영역)

고 그 외의 공간, 즉 의자 바깥쪽의 위험영역으로 눈을 돌립니다. 위험영역으로 떨어지면 어떻게 될까만을 생각하고, 실제로 그런 일이 일어날 것 같다는 상상을 하면서 두려움에 떱니다. 바깥의 위험영역은 본래 자신이 원하지 않는 영역이기에, 원하는 영역에 제대로 집중을 하는 한 실제로 위험한 일은 일어나지 않는데도 말입니다.

이 사례에서 우리는 원하는 것에 집중하는 게 왜 중요한지, 그리고 왜 원치 않는 것에 자꾸만 집중해서 두려움을 경험하게 되는지를 알 수 있습니다.

진정으로 내가 원하는 것에 집중하면 두려움을 이길 수 있습니다. 마찬가지로, 우리를 힘들게 하는 고민들 중 상당

수는 내가 아무리 노력해도 결코 해결되지 않지만, 어떤 종류의 고민들은 내가 고민하는 것을 멈추는 그 순간 고민도 함께 사라져버립니다.

이러한 원리는 숯불걷기 이벤트에서도 그대로 적용되었습니다. 진정으로 원하는 것, 즉 숯불 너머의 목표 지점에만 집중하고 걸었기 때문에 화상을 입지 않고 숯불 길을 끝까지 걸어갈 수 있었던 것입니다. 만약 도중에 타오르는 숯불에 마음을 빼앗겼다면 어떻게 됐을까요? 아마 두려움이 엄습해 머뭇거리거나 당황했을 것이고, 그 때문에 화상을 입었을지도 모를 일입니다.

두려움을 이기기 위해 '원하는 것'에 집중한다고 할 때 내가 원하는 것은 하나가 아니라 서너 개일 수도 있고, 그보다 더 많을 수도 있습니다. 하지만 오직 하나에 집중하는 것이 가장 효과적으로 두려움을 이기고 현재의 문제 상황을 바꿀 수 있는 방법입니다. 내가 진정으로 원하는 것, 바로 그 '하나'에 집중하기 바랍니다.

03

성공으로 가는 네 가지 길

성공은 저절로 얻어지는 게 아닙니다. 성공하기 위해서는 성공의 길로 들어서야만 합니다.

일반적으로 성공을 위해서는 남다른 노력을 해야 하는 것으로 말들을 하지만, 세상에는 개인적인 노력 없이 성공하는 사람들도 더러 있습니다. 흔히 말하듯이 부모를 잘 만나거나 타고난 복이 많아서, 또는 일찍이 물려받은 재산이 많아 별다른 노력 없이 성공을 거머쥔 사람이 없지는 않은 것입니다. 물론 대다수 사람들은 자신의 노력과 고생을 통해 성공 고지에 이릅니다.

요컨대, 사람들은 누구나 성공을 꿈꾸고 바라지만 성공하는 삶의 유형과 정도는 개인마다 다르고 성공 수단 또한 모두 다릅니다. 그것은 각자가 걷는 성공의 길이 다르기 때문입니다.

그렇다면 성공의 길에는 어떤 게 있을까요? 크게 봤을 때 네 가지 길로 나누어 생각할 수 있습니다. 바로 운명의 길, 장기長期의 길, 단기短期의 길 그리고 마음의 길입니다.

첫째, 운명의 길은 노력 여부와 상관없이 누구나 가야 할 길입니다.

운명은 사람이 타고나는 삶의 특정한 조건을 말하는데, 이것은 마치 등 뒤에서 날아오는 화살과도 같습니다. 화살이 눈에 보이지 않으므로 여간해서는 피할 수 없습니다. 그렇다고 죽을 때까지 반드시 운명의 길로만 가야 하는 건 아닙니다만, 운명이 개인의 삶에 크게 영향을 미치는 것만큼은 틀림없습니다.

태어나면서부터 결정적으로 작용하는 삶의 조건 중에는 인종이나 민족, 종교, 가문, 남녀의 성, 부모의 직업, 사회적 지위, 문화적 배경, 정상인이냐 장애인이냐, 외모 같은 것들이 포함됩니다. 이러한 삶의 조건들은 아예 바꿀 수 없어서 평생을 따라다니거나 바꾸기가 매우 어렵습니다.

그래서 사람들은 어떤 것이 '운명적'이라고 할 때는 그것에 대해 무조건적으로 수용해야 하는 것으로 인식하는 경향이 있습니다. 자신의 운명에 따라 행복, 불행이 어느 정도 결정된다고 여기고 그것에서 벗어날 수 없다고 생각하는 것이지요.

이상과 같이 본다면 운명의 길은 거의 절대적인 것처럼 보입니다만, 모든 사람들이 다 운명에 따라서 사는 것은 아닙니다. 태어날 때 결정된 삶의 조건이 아무리 좋아도 실패하는 사람이 있는가 하면 아무리 열악한 조건에서 태어났다고 하더라도 자신의 운명을 극복하고 성공한 사람들 또한 얼마든지 있습니다.

널리 알려진 위인들 중에도 그러한 예는 얼마든지 있습니다. 헬렌 켈러는 세 가지 장애를 지녔지만 피나는 노력 끝에 '삼중고三重苦의 성녀'라는 이름을 얻었으며, 인종차별이 극심했던 시대에 흑인으로 태어난 마틴 루터 킹은 민권운동의 지도자로 성공적인 삶을 살았습니다. 우리의 역사 인물을 보건대, 한석봉은 홀어머니 밑에서 가난하게 자랐지만 위대한 문필가로서 명성을 떨쳤고, 천한 집안의 자손이었던 허준은 각고의 노력 때에 의성醫聖으로 거듭날 수 있었습니다. 굳이 위인이 아니더라도 우리 주위에는 운명과 역경을 딛고 일어선 사람들이 적지 않을 것입니다.

둘째, 장기의 길은 오랜 시간과 노력이 소요되는 길입니다.

운명의 길은 본인의 의지와 상관없이 태어나는 순간에 삶의 조건이 결정되지만, 장기의 길에서는 특정한 운명에도 불구하고 자신의 의지 아래 많은 시간과 노력을 투자해 성공에 이르게 됩니다.

교육은 장기의 길에 해당하는 대표적인 경우입니다. 일반적으로 대학 졸업장을 얻기 위해서는 초등학교부터 시작해 대략 16년간의 교육이 필요합니다. 이처럼 장기의 길은 오랜 시간 동안 꿋꿋이 가야 하는 성공의 길이라고 할 수 있습니다.

사회에서 존경받고 고수익을 보장받는 전문직은 대개 각고의 노력이 필요합니다. 의사가 되기 위해, 법조인이 되기 위해, 학자가 되기 위해, 예술가가 되기 위해서는 보통의 사람들 이상으로 오랜 시간과 노력을 기울여야 합니다. 흔히 '1만 시간의 법칙'이니 '십 년의 법칙'이라는 말을 하듯이 그들은 현재의 위치에 오르기까지 그만한 대가를 치렀다고 할 수 있습니다. 물론 운명의 길과 마찬가지로, 이 길 또한 반드시 성공과 행복을 보장해주지는 않습니다.

셋째, 단기의 길은 비교적 짧은 기간에 성공을 확보할 수 있는 길입니다.

단기의 길에서는 짧게는 몇 개월, 길게는 1~2년 정도의 기간 동안 투자를 함으로써 성공에 이를 수 있습니다. 운전면허, 미용사, 공인중개사 같은 자격증이 그 좋은 예일 것입니다. 장기의 길에 비하면 시간과 비용이 훨씬 적게 들지만, 하나의 자격증으로 인해 삶 전체가 바뀌는 경우도 얼마든지 있습니다.

그런데 단기의 길이든 장기의 길이든 이것이 성공으로 이어지기 위해서는 네 번째, 마음의 길을 꼭 거쳐야만 합니다.

우리가 그 무엇을 선택하든 마음의 길을 통하지 않고서는 성공에 이를 수 없습니다. 마음의 결심 없이 무언가를 이룰 수 있는 일은 세상에 없기 때문입니다. 그뿐만이 아닙니다. 마음의 길은 성공으로 가는 첫 길목에 있는 길이기도 하지만, 이 길 위에서 바로 성패가 결정날 수도 있습니다.

넷째, 마음의 길에서는 마음이 성공을 만듭니다.

마음의 길은 순간적이고 찰나적인 것이기에 시간이나 비용을 필요로 하지 않습니다. 어찌 보면 가장 편리하고 가장 손쉬운 길이지만, 이 길을 가는 법을 익히기 위해서는 나름의 요령과 연습이 필요합니다. 즉, 마음을 단련하고 다스릴 수 있어야 하는데, 이것이 결국 성공을 앞당기는 방편이 됩니다.

마음이 어떻게 성공을 앞당겨주는지와 마음 연습에 관해서는 이 책의 part 2와 part 3에 걸쳐 알려드리겠습니다. 여기에서는 일단, 성공의 네 가지 길 중에서 나는 과연 어떤 길을 걸어왔는지 스스로 되돌아보기 바랍니다.

어떤 길이 가장 큰, 또는 확실한 성공을 가져다줄까요?

그리고 우리는 그 길을 얼마나 충실하게 걸어왔을까요?

| 선택의 폭과 성공의 상관관계

　무릇 성공의 길은 선택의 문제와 연관이 있습니다. 어떤 길을 선택할 것인가에 대한 고민이 필요한 것이지요. 그런데, 일반적으로 선택할 수 있다는 것은 그렇지 못한 경우보다 바람직합니다. 성공과 관련지어 이 말의 의미부터 짚어보겠습니다.

　술을 즐기는 사람들은 대개 어떤 술이든 잘 마시는 경향이 있습니다. 그래서 어느 술자리에 가더라도 잘 어울리며 또 분위기를 즐길 수 있습니다. 반면에 특정한 술밖에 못 마시는 사람은 마음껏 즐기는 술자리가 상대적으로 한정되어 있습니다. 예를 들어, 포도주밖에 못 마시는 사람이라면 소주나 맥주를 마시는 자리에서는 분위기에 쉽게 동참하기 어려울 것입니다.

　이번에는 언어를 예로 들어보겠습니다. 한국어 하나밖에 못 하는 사람은 외국인을 만나면 벙어리가 될 수밖에 없습니다. 그런 한편으로, 영어를 비롯해 외국어를 구사할 수 있는 사람은 그만큼 외국인과 대화할 기회가 많아지고, 나아가서 자신의 목표를 이룰 가능성도 높아질 것입니다.

　선택의 폭의 문제는 결국 능력의 문제로 이어집니다. 왜냐하면 능력 있는 사람은 능력이 미치는 범위 내에서 다양한 선택을 할 수 있지만, 능력이 부족한 사람은 자신의 능력이 먹히는 곳, 즉 능력을 활용할 수 있는 상황에서만 그 선택이 빛을 발할 것이기 때문입니다. 따라서 선택의 폭이 넓다는 것은 곧 능력이 많다는 것을 뜻하므로 바람직하다고 보는 것입니다.

요컨대, 선택의 폭이 넓을수록 성공 가능성 또한 높아집니다. 그러므로 다양한 지식과 경험을 쌓고 행동 레퍼토리를 개발해 그것들을 활용할 줄 아는 게 절대 유리합니다. 어떤 조직이든 또는 개인이든, 상황에 맞게 반응할 수 있고 다양한 행동 레퍼토리를 갖고 있는 쪽이 보다 큰 성과를 만들어내는 법입니다.

다양성이나 선택의 폭 문제는 능력과 행동 측면은 물론이고 마음이나 사고, 그리고 정서적인 것에도 그대로 적용됩니다. 쉽게 말해, 스트레스를 받을 때 담배를 피우는 대신에 대안적 행동으로서 심호흡을 하며 냉수 한 잔을 마시고 웃을 수 있다면, 그는 행동적 차원의 선택 폭을 넓힌 셈입니다.

마찬가지로 '나는 실패할 것이다'라는 생각에 사로잡혀 있는 사람은 '나는 성공할 수 있다'라는 생각을 할 수 있을 때, 화를 내거나 우울할 수밖에 없다고 여겨지는 상황에서 웃으면서 털어버릴 수 있을 때, 그는 대안적 사고나 정서를 가졌다고 볼 수 있습니다. 이 모든 것은 결국 사고와 정서의 폭이 넓다는 것이며, 그만큼 성공을 위해서도 긍정적으로 작용하게 됩니다.

| 성공을 위해서는 성공의 선택을 하라

세상의 모든 성공은 성공의 선택을 거듭한 결과로 얻어지는 것입니다. 현재는 과거의 선택 결과이며 미래는 현재의 선택 결과로 우리에게 다가옵니다.

그와 마찬가지로 세상의 모든 실패는 실패에 이르는 선택을 거듭한 결과로 얻어집니다. 예를 들어, 공부를 잘하는 학생들은 대개 예습과 복습 철저히 하기, 공부시간에 집중하기, 시험 준비를 미리 하는 등의 선택을 합니다. 반면에 이상의 것들과 반대되는 쪽을 선택한다면 좋은 결과를 기대할 수 없는 것은 당연한 이치입니다.

성공하는 사람들은 성공할 수밖에 없는 선택을 그때그때 내리면서 살아갑니다. 그들 역시 귀찮고 하기 싫으며 또 부담스럽고 짜증스러울 때도 있지만, 그래도 성공으로 가는 선택을 위해 당장의 불편을 감내합니다. 그렇게 작은 선택들이 모여서 큰 결과를 낳고, 이것이 곧 성공이라는 결과로 이어집니다.

그런 한편으로 실패로 이어지는 선택을 하는 사람들은 어떨까요? 실패하는 사람들은 대개 귀찮고 하기 싫다는 이유로, 부담스럽고 재미없다는 이유로, 힘들고 짜증난다는 이유로 성공의 선택 대신 실패의 길을 선택합니다. 다만 이것이 실패의 길이란 걸 애써 모른 척할 뿐이지요.

세상 모든 것은 한 치의 오차 없이 선택한 방향대로 나아가며 선택의 결과로 이루어집니다.

하지만, 사람들은 선택의 순간에서 결과보다 현재의 상황을 더 중시하는 경향이 있습니다. 작고 사소한 선택일 경우에는 더욱 그러합니다. 이게 좋은 선택인지 나쁜 선택인지에 대한 고민 없이 그저 자신에게 가장 유리하거나 편하다고 판단되는, 또는 가장 쉽게 여겨지는 쪽으로 선택을 합니다. 그렇기 때문에 성공의 선택을 하는 습관이 중요합니다. 하루에도 수십, 수백 번의 잡다한 선택을 해야하는 상황에서 매번 선택의 결과를 생각하며 행동할 수는 없는 노릇이니까요.

선택의 문제는 마치 '사다리타기' 게임과도 같아서 그 결과는 매 선택의 순간에 결정됩니다. 사다리가 꺾어지는 지점에서 성공의 수순, 실패의 수순이 갈리는 것입니다. 다만, 게임과는 달리 현실에서는 성공의 수순, 실패의 수순이 어느 정도 가늠이 됩니다. '왠지 이렇게 하면 안 될 것 같은데' 하는 생각이 드는 것이지요.

앞에서 언급했듯이 우등생이 공부를 잘하는 비결은 거의 뻔합니다. 어떤 학생이든 그 비결을 따라서 꾸준하게 공부한다면 누구나 공부를 잘할 수 있습니다. 그런데도 공부할 시간에 인터넷 게임이 더 재미있다는 이유로 컴퓨터를 선택하고, 시험 준비를 해야 하는 시간에 졸린다는 이유로 잠을 선택한다면 이는 결과를 아랑곳하지 않은, 자신의 욕구나 편리에 따른 선택에 불과합니다. 결국 이 선택은 실패의 길로 이어질 것이고 이 길에서 벗어날 생각을 하지 않는 이상은 '완벽하게' 실패를 경험하게 될 것입니다.

그렇다면 성공을 위한 가장 최선의 선택은 무엇일까요? 여기에 정답은 없습니다. 각자의 앞에 놓인 선택지가 저마다 다를 것이고 처한 상황 또한 각양각색일 것이기 때문입니다. 결국 스스로 답을 찾아야 합니다.

선택의 구체적인 내용이 어떠하든, 성공의 길을 가기 위해서는 자신의 현재 상황에서 가장 최선의 선택은 무엇일까를 고민하는 시간을 가져야 합니다. 지금 우리의 이 선택이 어떤 가능성 높은 결과로 이어질 것인지 우리는 '분명히' 알고 있습니다.

덧붙여, 선택의 폭을 가급적 넓히고 성공의 선택을 할 수 있는 지혜와 능력을 기르는 데에도 노력을 아끼지 말아야 할 것입니다.

내 인생에서 가장 소중한 것들

자신의 삶에서 가장 소중하다고 생각되는 것은 무엇인가요? 이것은 당신의 '가치 있는 이상'을 알아보기 위한 질문입니다. 먼저, 종이 위에 자신의 삶에서 중요하다고 여겨지는 10가지를 생각나는 대로 적어보기 바랍니다.

다 적었으면 이제 이 10가지의 우선순위를 정합니다. 다시 말해, 가장 중요하다고 생각되는 순서대로 번호를 매기면 됩니다. 예를 들어 영업사원인 A씨는 그의 인생에서 가장 중요하다고 생각하는 10가지를 다음과 같이 적었습니다.

사랑, 행복, 사회적 지위, 성공, 돈, 건강, 종교, 인간관계, 안정된 직업, 가족간의 화목

다음으로 자신이 적었던 10가지 항목을 하나하나 생각해보며 우선순위를 정해, 이것을 순서대로 다시 나열했습니다.

1. 사랑

2. 인간관계

3. 가족간의 화목

4. 종교

5. 건강

6. 행복

7. 사회적 지위

8. 성공

9. 돈

10. 안정된 직업

A씨의 예를 보면 '성공'이나 '돈'이 각각 8번과 9번으로 비교적 낮은 순위에 있다는 사실을 알 수 있습니다. 이 경우, 무의식(잠재의식)의 측면에서는 자신이 꿈꾸는 성공을 가치의 여덟 번째 순위로 생

각하고 있다는 걸 나타냅니다.

비록 그가 평소에 '성공을 원한다'고 입버릇처럼 말한다고 해도 마음 깊은 곳, 즉 그의 무의식 속에서 정작 중요한 가치는 사랑, 인간관계, 가족간의 화목 같은 것들입니다.

무의식은 내면 깊숙이 자리 잡고 있는 우리의 진정한 마음입니다. 표면적으로는 성공을 추구한다고 하더라도 내면 깊은 곳에서는 성공보다 다른 가치들을 우선하고 있다면 그만큼 성공에 대한 동력은 떨어질 수밖에 없습니다. 사람은 자신의 의식을 배신할 수는 있어도 무의식을 배신해 행동으로 옮기기는 어렵기 때문입니다.

A씨는 사회적으로 성공한, 부유한 부모 밑에서 자랐습니다. 그런데, 그의 부모님은 겉으로 보이는 물질적인 성공에만 집착한 나머지 가족과 함께 지내며 서로를 돌보는 일에는 소홀할 수밖에 없었다고 합니다. 가정에서 일어나는 일들마저 사무적으로 처리하는 가운데 그의 부모는 자주 다퉜고 사회적으로도 인간적인 정이나 상대방에 대한 배려에는 매우 인색했습니다.

이와 같은 상황에서라면, 어릴 때부터 그에게 비쳐진 성공 혹은 돈에 대한 인식은 그다지 긍정적이지 못했을 것입니다. 그 결과, 서로를 따뜻하게 대해주고 부인과 자녀들 모두가 화목한 가정을 꾸려야겠다는 생각을 내면에 가지게 된 것입니다. 경제적인 문제를 아예 외면하고 살 수는 없으므로 경제적 자립과 금전적인 부분의 절실함을 모르는 것은 아니지만, 적어도 그의 내면에서는 성공보다는 사랑이, 돈보다는 화목이 훨씬 중요했습니다.

사랑이나 가족 간의 화목이라는 가치를 우선순위의 맨 앞에 둔다고 해서 이게 무슨 문제가 있을까요? 네, 있을 수 있습니다. 적어도 당신의 삶을 극적으로 바꾸어줄 성공을 바란다면, 본인 스스로가 먼저 성공을 다짐하고 가치의 우선순위 앞자리로 성공에 대한 염원을 옮겨야 합니다.

물론 성공 외에 다른 가치를 모조리 무시하라는 뜻은 결코 아닙니다. 행복이나 건강 등의 가치를 모두 포기하고 성공만을 바라는 삶 또한 어리석기 그지없을 것입니다. 우리에게 필요한 것은 삶의 다른 소중한 가치들을 외면하지 않는 가운데 성공을 위해 무의식의 도움을 적극적으로 받는 데 있습니다.

| 나는 정말로 성공을 원할까?

사람들은 자라면서 돈에 대해 부정적인 인식을 갖게 될 때가 많습니다. 굳이 '황금 보기를 돌같이 하라', '부자가 천국 가기는 낙타가 바늘구멍 들어가기보다 어렵다'는 가르침 때문이 아니더라도, 신문 사회면에 등장하는 각종 금전 관련 사건들을 접하면서 막연하게나마 돈이나 물질적인 것으로 상징되는 성공에 대해 부정적으로 여기는 마음이 형성되는 것이지요. 그래서 성공이나 돈의 문제는 무의식 차원에서 가치의 우선순위가 뒤로 밀리게 됩니다.

하지만 당신이 진정으로 성공을 원한다면, 그 성공을 당신이 정하는 가치의 최우선 순위에 놓아야만 합니다. 다시 말해, 무의식 차원에서 성공을 가장 중요한 것으로 인식하고 있어야 합니다.

이 책을 읽는 여러분은 당연히 성공에 관심이 있거나 성공을 바라고 있을 것입니다. 그럼에도 불구하고 당신의 가치 목록에 '성공'이라는 단어가 없거나, 설사 있다고 하더라도 그것이 우선순위의 아래쪽에 위치하고 있다면 어떻게 될까요?

표면적으로 성공을 원하는 것과는 달리 당신의 마음 깊은 곳에서 우러나오는 진심은 그것을 원하지 않을 수도 있습니다. 이런 경우, 진정으로 성공을 원하는 게 아니라고 할 수 있습니다. 당신이 진정으로, 간절히 성공을 바란다면 먼저 스스로에게 분명하게 '그렇다'라고 말할 수 있어야 합니다.

무의식이 성공을 향하도록 방향을 바로잡아주는 일은 뒤에서 살펴보기로 하고, 그 대신 성공에 대한 염원의 중요성을 알려주는 이야기를 하나 소개하겠습니다.

♠ ♠ ♠

일본의 중세시대부터 전해오는 이야기입니다. 한 젊은이가 하느님을 찾다가 지치고 절망한 끝에 깊은 산중의 도사에게 도움을 청하기로 했습니다.

젊은이는 도사에게 자신은 하느님 외에는 그 어떤 것에도 관심이 없으니 하느님을 꼭 찾을 수 있게 도와달라고 부탁했습니다. 그러자 도사는 젊은이를 큰 물봉 앞으로 데려가더니 강제로 그의 머리를 물속으로 밀어 넣었습니다. 그리고 젊은이가 거의 정신을 잃을 때쯤 꺼내어 축 늘어진 몸을 땅바닥에 내려놓았습니다.

잠시 후 젊은이가 깨어나자 도사는 말했습니다.

"조금 전 그대가 숨쉬기를 절실히 원했던 만큼 그렇게 간절한 마음으로 하느님을 찾을 때, 그대는 하느님을 만날 수 있을 것이다."

아마 성공도 그러한 것이 아닐까요? 간절한 마음으로 성공을 원할 때 성공은 우리 앞에 그 모습을 드러낼 것입니다.

| 자원이 많아야 성공한다

하지만, 성공은 의지만으로 가능한 것 또한 아닙니다. 성공에의 뜻을 세웠다면 내가 가진 현재의 자원을 활용해 '나의 능력'으로 개발해야 합니다. 이것이 성공의 도구가 되는 것이지요. 여기에서는 그러한 자원과 성공의 관계에 대해 살펴보겠습니다.

캘리포니아의 최대 도시 로스앤젤레스, 그곳에서 자동차로 2시간 남짓 남쪽으로 달리면 유명한 해군 도시이자 해양 도시인 산디에고가 나옵니다. 여기서 다시 30분 정도 더 달리면 국경을 넘게 되는데, 동행인과 이야기를 나누다보면 언제 국경을 넘었는지 모를 만큼 국경 표시가 눈에 잘 띄지 않습니다.

이 국경을 넘어서 만나는 나라는 멕시코입니다. 캘리포니아에서 멕시코로는 이렇듯 쉽게 넘어갈 수 있지만, 반대로 멕시코에서 미국 쪽으로 넘어올 때는 아주 까다로운 심사를 거쳐야 합니다. 국경에 배치된 이민국 관리들이 미국 출입을 엄격하게 통제하기 때문입니다. 강대국 미국과 멕시코의 차이라고 할 수 있습니다.

그런데, 국경을 사이에 두고 또 다른 차이점이 하나 있습니다. 국경 너머의 땅에서, 조금 전까지만 해도 그렇게 푸르고 무성하던 나무, 풀, 그리고 꽃의 모습은 사라지고 누런 흙먼지와 앙상하게 타 들어가는 나무만이 끝없이 시야에 펼쳐지는 것입니다. '아, 여기는 더 이상 캘리포니아가 아니구나'라는 생각이 들 만큼 두 지역은 대조적입니다. 캘리포니아의 풍경은 푸르고 풍성하지만 멕시코의 땅은 메말랐다는 점에서 두 지역은 너무도 구별됩니다.

역사적으로 봤을 때 캘리포니아는 원래 멕시코 땅이었습니다. 과거 미국과의 전쟁에서 패해 미국 영토로 편입된 것이지요. 다시 말해, 캘리포니아와 멕시코는 원래 같은 땅이었고 같은 나라에 속했습니다. 게다가 이곳은 사막 지역입니다. 그래서 비가 거의 오지 않습니다. 겨울철에 두어 달 비가 오는 우기가 있지만 비의 양이 매우 적어 식수는 물론 생활용수와 식물을 키우는 데 사용하기에는 턱없이 부족합니다.

그런데도 한쪽은 푸르고 다른 한쪽은 삭막한 건 왜일까요?

캘리포니아에는 넓은 잔디밭이 많습니다. 공원뿐 아니라 학교 운동장, 가정집 정원도 거의 잔디로 덮여 있습니다. 그리고 길을 걷다 보면 어디선가 갑자기 물이 뿜어져 나와 깜짝 놀랄 때가 있습니다. 평소에는 땅 속에 묻혀 보이지 않던 스프링클러에서 물이 나오는 것입니다.

더욱 놀란 것은 이 물을 수백 킬로미터나 떨어진 콜로라도 강에서 끌어 온다는 사실이었습니다. 이처럼 먼 거리에서 물을 끌어와 메마른 땅을 적시는 데 이용하는 것입니다. 자연 상태로 두면 멕시코와 다를 바 없는 삭막한 땅이 지하에 거미줄처럼 깔려있는 관개시설, 그리고 이것을 통해 공급되는 강물에 의해 푸르게 가꾸어진 다니 감탄을 자아내기에 충분하다는 생각이 들었습니다.

결국 캘리포니아를 푸르게 만든 것은 관개시설 덕분이라고 할 수 있는데, 이것은 표면적인 해석에 지나지 않습니다. 저는 이것을 자원과 활용이라는 측면에서 설명하고자 합니다.

자원이란 무엇일까요? 사전적인 의미로는 '사람의 생활 및 경제 생산에 이용되는 물질, 재료, 노동력, 기술 따위'를 뜻합니다. 그래서 자원이 부족하면 가난에서 벗어나기 어렵고, 어떤 나라든 자원이 풍부하면 부강해질 수 있습니다.

하지만 '구슬이 서 말이라도 꿰어야 보배'라는 말이 있듯이 아무리 좋은 자원이라도 그것을 활용하지 않으면 무용지물입니다. 미국이라는 나라가 아무리 돈이 많아도 관개시설을 할 수 있는 기술이나 개발 능력, 그리고 그 이전에 사막을 녹지로 만들려는 의지가 없었다면 결과는 달라졌을 것입니다. 이렇게 본다면 자원을 자원으로서 활용하려는 의지, 그것 또한 자원이 될 수 있습니다.

사람도 이와 마찬가지입니다. 자원이 많은 사람은 그만큼 성공할 가능성이 높지만, 그 전에 내가 지닌 자원을 능력으로 이끌어낼 의지가 먼저입니다. 다시 말해, 우리의 마음이야말로 자원 이전의 자원, 자원의 원천이 되는 셈입니다.

우리에게는 무한한 자원을 창조할 수 있는 능력이 있습니다. 이들 자원은 우리를 생존하게 하고 성장시키며 삶의 질을 높이는 데 기여합니다.

과연 우리 속에 있는 그러한 자원, 특히 마음의 자원은 무엇일까요? 아마 용기, 긍정적인 신념과 믿음, 성취감, 자신감, 목표의식과 비전, 희생정신, 사랑, 행복감 같은 것들일 것입니다. 이들은 대표적으로 꼽히는 내적 자원입니다. 이러한 내적 자원이 있는 사람은 누구든 새로운 일에 도전할 수 있고, 힘든 일에 인내할 수 있으며, 고난에 좌절하지 않고, 익숙한 것에 안주하는 대신 모험을 할 수 있습니다. 그래서 성공합니다.

물론 앞에서도 언급했듯이 내적 자원이든 물적 자원이든 활용하지 않는다면 아무런 의미가 없습니다. 기껏해야 '재주는 참 많은데 운이 따르지 않았다'는 말을 듣는 데 그치면 다행일 것입니다.

그렇다면 성공을 위해 내적 자원을 충분히 활용하기 위해서는 어떻게 해야 할까요?

첫째, 스스로 자원이 있다는 사실을 알아야 합니다.

아무리 자원이 많아도 내게 자원이 있다는 사실을 모르면 그것은 자원의 가치가 없으며 결국 '자원이 없는 상태'로 살게 됩니다. 모든 재산을 은행에 예금해둔 상태에서 그 사실을 모르고 있다면 아무 소용없는 것과 마찬가지입니다.

둘째, 자원을 활용하거나 개발할 수 있는 능력을 갖추어야 합니다.

내가 가진 자원을 활용하거나 개발해 어떤 '결과'를 만들어낼 수 없다면 이 역시 자원으로서의 역할을 기대할 수 없습니다. 결과로 내보이지 않는 한 세상은 아무도 알아주지 않거니와 활용하지 못하는 자원은 자기 만족거리조차 되지 못합니다.

셋째, 자원을 활용할 수 있는 전략을 가져야 합니다.

전략이란 목표를 수립하고 그 목표를 달성하기 위해 구체적인 방법, 효과적인 실천 계획을 수립하는 절차입니다. 당신의 자원을 어떻게 효과적으로 활용할 것이며, 성공을 위해 구체적으로 어떤 방법을 동원할 것인지를 스스로 답할 수 있어야 합니다.

넷째, 모든 것은 실천할 때 의미가 있습니다.

아무리 자원이 많고 계획이 좋아도 실천하지 않으면 죄다 헛일입니다. 무언가의 목표를 정하고 그것을 실천에 옮기는 사람은 대개 전체의 10%에도 못 미칩니다. 열 명 중 아홉은 머릿속에서만 성공을 그리다가 이내 잊어버리는 것이지요.

누가, 왜 성공하는가?

성공은 어느 날 갑자기 찾아오지 않습니다. 사실 단 한 번의 기회를 잘 포착해 성공을 거머쥔 사람들도 의외로 드뭅니다. 만약 누군가의 성공이 기회를 잘 잡아서 가능했던 것처럼 느껴졌다면 그 기회 이전의 땀과 노력을 우리가 보지 못했기 때문일 가능성이 높습니다.

실패의 경우도 마찬가지입니다. 단 한 번의 실패로 삶이 나락으로 떨어지는 경우는 잘 없습니다. 물론 한순간의 실수가 돌이킬 수 없는 결과를 가져오는 경우가 없지는 않지만, 보통 사람들의 보통의 삶에서는 '완전한 실패'란 거의 없다고 해도 좋을 것입니다. 적어도 숨이 붙어있고 희망을 버리지 않는 한 기회는 다시금 찾아옵니다.

그럼에도 불구하고 삶이 성공하지 못하고 실패로 끝나는 경우가 간혹 있습니다. 바로 실패가 두려워 더 이상 '실패하기'를 멈추었을 때입니다.

땅에 자동차가 다니는 육로가 있듯이 하늘에는 비행기가 다니는 항로가 있습니다. 비행기가 하늘을 날기 전에 조종사는 비행 계획을 세웁니다. 그들은 항로와 목적지를 정확히 알고 있는 상태에서 비행 계획에 따라 이륙합니다.

그러나 과연 비행기가 이륙해 목적지에 도착할 때까지 항로를 얼마나 정확하게 지킬까요? 우리의 예상과는 달리 비행기는 90퍼센트 이상의 시간을 항로에서 이탈한다고 합니다.

비행기는 하늘을 나는 동안에 바람, 비, 기류, 조종 실수, 그리고 그 밖의 갖가지 요인들의 영향을 받습니다. 그 결과, 비행기는 조금씩 다른 방향으로 날게 되어 정해진 항로에서 이탈하기 마련입니다. 특히 기상 변화나 항공 교통체증이 심해지면 항로가 아주 바뀌기도 합니다. 그런데도 큰 문제가 일어나지 않는 한 비행기는 반드시 원래 목적지에 도착합니다. 그것은 왜일까요?

그 이유는 간단합니다. 조종사는 비행하는 동안에 끊임없이 피드백을 받습니다. 그들은 각종 기기로부터 기상과 관련한 정보뿐만 아니라 관제탑을 비롯하여 다른 비행기, 하늘의 별을 통해서도 필요한 정보를 얻습니다. 조종사는 그 같은 피드백을 바탕으로 비록 정해진 항로에서 이탈하는 경우에도 다시 원래의 항로를 되찾아 비행합니다.

요컨대, 원래의 비행 계획이 확실하고 피드백을 통해 원래의 항로로 정확하게 되돌아갈 수 있는 능력이 있으면 항로 이탈은 걱정할 필요가 없습니다. 이 이야기는 스티븐 코비가 자신의 책, 《성공하는 가족들의 7가지 습관》에서 들려주는 지혜입니다.

이 같은 비행의 원리를 바탕으로 인생의 성공에 대한 힌트를 얻을 수 있습니다. 즉, 성공을 위해서는 사소한 실패가 있을지언정 끊임없는 시행착오가 필요하다는 사실을 알게 됩니다.

만약 조종사가 항로 이탈 여부를 제대로 확인하지 않거나 항로 수정의 피드백 받기를 게을리한다면, 또는 피드백을 받더라도 원래 항로로 되돌아가는 노력을 하지 않으면 어떻게 될까요?

당연히 비행은 실패할 수밖에 없습니다. 계획된 비행과는 달리 엉뚱한 곳으로 날아가 목적지에 도착하지 못할 것입니다. 결코 이렇게 살고 싶지 않았지만, 어느 날 문득 정신을 차려보니 이렇게 되어 버린 삶처럼 말입니다.

| 실패 앞에서 멈추지 마라

누구나 성공을 꿈꾸고 성공하기를 바라지만 그들의 성공 확률은 과연 어느 정도일까요?

물론 성공의 기준, 정도, 질이 모두 다르기 때문에 일률적으로 말하기는 어려울 것입니다. 하지만, 중요한 것은 스스로 실패했다고 생각하는 사람들의 95%는 정말로 실패를 한 것이 아니라 중간에 포기한 사람이라는 사실입니다. 개중에는 성공을 바로 목전에 두고 포기한 사람도 있을 터인데, 그는 또 한 번의 도전이 없었기 때문에 최종적인 성공을 경험하지 못하는 것입니다. 참 억울한 경우라 하지 않을 수 없습니다.

아주 허황된 꿈을 꾸지 않는 이상 '될 때까지 하는' 게 성공의 가장 단순한 법칙입니다. 시행착오를 되풀이하면서 끊임없이 피드백한다면 성공은 좀 더 앞당겨지겠지요.

69세의 차사순이라는 할머니는 무려 960번 만에 자동차 운전면허증을 따는 성공을 거두었습니다. 이 말은 곧 그가 959번이나 실패를 했다는 것입니다. 사실 7전8기도 어려운 일인데 959번 실패를 했다고 하면 너무나 무모한 도전이라고 생각할 수 있지 않을까요? 그런 한편으로 959번을 실패해 좌절한 나머지 여기서 '실패하기'를 멈추었다면 또 얼마나 억울할까요? 한 번만 더 도전하면 성공일 텐데 말입니다. 그는 거듭된 실패에도 불구하고 '또 한 번의 실패'를 마다하지 않은 끝에 결국 운전 면허증을 손에 넣을 수 있었습니다.

KFC로 유명한 켄터키 프라이드치킨의 창업주인 커널 샌더스는 65세의 나이에 무려 1,009번 만에 프랜차이즈 계약에 성공했다고 합니다. 1,008번까지는 계속 실패를 거듭한 것이었습니다. 하지만 그 역시도 도중에 포기했다면 어떻게 되었을까요? 당연히 오늘날 세계적으로 성공한 KFC라는 브랜드는 없을 것입니다.

그는 몇 십, 몇 백 번의 실패에도 굴하지 않고 도전을 계속 이어 나갔습니다. 성공할 때까지는 몇 천 번이라도 도전했을 것이므로, 그는 결국 성공할 수밖에 없었습니다.

물론 수백, 수천 번의 실패를 감내하려면 심신의 고달픔이야 이루 말할 수 없겠지요. 그 실패 횟수를 극단적으로 줄여드리고자 저는 이 책을 세상에 내놓습니다만, 행여 한두 번의 실패 때문에 바로 그 너머에 있는 성공을 걷어차는 실수를 범하지 않기 바랍니다.

| 기회를 만드는 것의 중요성

성공을 꿈꾸는 사람들은 누구나 열심히 노력합니다. 그만큼 노력은 중요합니다. 하지만, 노력을 한다고 해서 반드시 성공을 하는 것은 아닙니다. 무조건 노력만으로 성공이 결정된다면 의외로 성공은 쉬울지도 모릅니다.

실제로, 우리 주변에서는 나름대로 열심히 노력하는데도 성공하지 못하는 사람들을 어렵지 않게 찾을 수 있습니다. 마흔이 넘어서까지 고시에 매달리다가 결국 낙향한 사람이 있을 것이고, 몇 번의 사업 실패 끝에 이제는 소식마저 끊어진 지인도 있을 것입니다. 그럴 때 우리는 자칫 그의 노력이 충분치 않아서 그렇게 되었다고 폄하하기 쉽습니다. 앞에서 살폈듯이 '포기하지 않고 끝까지 노력해야 된다'는 성공 법칙을 어겼으니까요.

그런데, 성공을 위해서는 노력 외에 꼭 가슴에 새겨야 할 게 있습니다. 바로 기회를 만드는 것입니다. 성공을 위해서는 막무가내의 노력보다는 여러 번의 기회를 만들어 막상 기회가 찾아왔을 때 그것을 내 것으로 붙잡을 수 있어야 합니다. 인생에 찾아온다는 세 번의 기회는 믿지 마시기 바랍니다. 기회는 찾아오는 게 아니라 내가 준비하고 만드는 것입니다.

기회를 만들기 위해서는 도전 정신과 적극성이 노력과 맞물려야 합니다. 무작정 노력할 게 아니라 지금의 이 노력이 어떤 형태의 결과를 만들어낼지를 가늠해 끊임없이 부딪혀야 합니다. 그렇게 할 때 성공은 기회라는 이름으로 우리 앞에 나타날 것입니다.

앞에서 소개했던 차사순 할머니나 샌더스 할아버지는 중간에 포기하지 않고 끝까지 노력한 사람이기도 하지만 그들 스스로 기회를 만든 사람들이라고도 할 수 있습니다. 결코 감나무 밑에서 감이 떨어지기를 기다린 게 아니었습니다. 특히 샌더스는 자신이 만든 치킨 레시피를 들고 프랜차이즈 계약의 기회를 만들기 위하여 전국을 돌아다녔습니다.

천 번이나 퇴짜를 맞았음에도 불구하고 그를 지탱할 수 있었던 것은 성공에 대한 확신이었을 것입니다. 물론 이 두 사례는 끊임없는 도전의 중요성을 강조하기 위해 (이 역시 사실에 해당하지만) 다소 극단적인 예를 소개한 것이므로, 자칫 몇 백번의 도전이란 말에 지레 겁먹지 않기 바랍니다.

기회는 아주 사소한 형태로도 우리 앞에 등장합니다.

저는 1980년대 초에 미국으로 유학을 떠났습니다. 그런데 경제 형편이 좋지 않았기에 선배 유학생들이 그러했듯이 아르바이트를 하면서 학비를 마련할 생각을 하였습니다. 그래서 미국에 도착한 바로 다음 날 로스앤젤레스 시내로 일자리를 구하러 갔습니다.

마침 그곳에는 한국 사람이 운영하는 가게가 많다는 소문을 들었던 터라 아침부터 이곳저곳의 한국인 가게로 찾아가서 일자리가 있는지를 알아보았습니다. 하지만 경기가 좋지 않아 가는 곳마다 사람을 쓰지 않는다는 대답만 들어야 했습니다. 이 가게 저 가게를 들러 물어보는 가운데 어느덧 해 질 무렵이 되었습니다. 저는 조금씩 조바심이 일기 시작했고 창피한 생각마저 들었습니다. 이제는 어디에 가서 물어봐도 일자리가 있다는 대답을 들을 수 없을 것만 같았습니다.

하지만, 제게는 여전히 일자리가 필요했습니다. 그래야 학비를 충당할 수 있을 테니까요. 피곤하고 창피한 것은 잠깐이지만 일자리는 새로운 기회가 될지도 모를 일이었습니다. 생각이 여기에 미치자 저는 다시 가게를 찾기 위해 일어날 수 있었습니다.

이렇게 해서 저는 그날 밤늦게 일자리를 찾을 수 있었습니다. 그 일자리 덕분에 대학원에 입학하는 데 필요한 학비를 어느 정도 마련할 수 있었으며, 마침내 유학에도 성공할 수 있었습니다.

| 신념과 의지의 힘

세상 모든 것은 마음먹기에 달렸다는 말이 있습니다. 현실적으로는 어려워 보여도 마음이 굳세면 어떤 일도 이룰 수 있다는 뜻입니다. 그런데, 과연 이 말은 어디까지 진실일까요?

마음만 굳게 먹으면 세상에 불가능한 일은 없는 걸까요? 그렇지 않습니다. 세상에는 아무리 해도 안 되는 일이 분명히 있거니와, 성공이라고 부를 만한 경우도 상당한 노력과 인내, 운이 있어야만 이룰 수 있습니다.

그렇다면 '마음먹기에 달렸다'는 명제의 진정한 의도는 무엇일까요? 그것은 바로 세상의 모든 성공과 실패의 원인은 나 자신에게 있다는 사실을 에두른 표현입니다. 나아가서 스스로와의 타협을 경계하는 말이기도 합니다.

우리는 이 책의 첫머리에서 성공을 가로막는 첫 번째 원인은 바로 나 자신이라는 사실을 살폈습니다. 놀고 싶을 때 마음대로 놀고 돈을 쓰고 싶을 때 마음대로 쓰는 것은 바로 나 자신의 선택이었습니다. 성공을 위한 길에는 항상 어려움이나 역경이 있게 마련인데, 조금만 몸이 힘들어도 조금만 자존심이 상해도 쉽게 일에서 손을 뗍니다. 그리고는 스스로에게 이렇게 말합니다.

"해 바뀌면 새롭게 시작하지 뭐."

"이런 대우를 받고는 난 더 이상 못 해!"

"남들도 다 그렇게 살잖아. 내가 무슨 부귀영화를 누릴 것도 아니고……."

성공을 위해서는 다른 누가 아닌, 스스로에게 솔직하고 당당할 수 있어야 합니다. '마음먹기에 달렸다'는 말의 참뜻은 여기에 있습니다. 그리고 이것을 가능하게 해주는 게 바로 신념과 의지입니다.

신념이 투철하지 못한 사람은 조금만 상황이 불리해져도 역경에 쉽게 굴복하고야 맙니다. 이때 필요한 게 앞에서 살핀 '그럼에도 불구하고'의 태도입니다. 주변 상황과의 타협 없이 애초에 목표한 바를 향해 묵묵히 나아가는 것입니다.

신념이 강한 사람은 웬만한 어려움이 닥쳐도 꿈쩍도 하지 않습니다. 스스로 정한 원칙과 성공의 길을 차근차근 따를 뿐입니다. 하물며 신념이 있을 때 용기와 도전 정신이 발휘되고 의지가 생깁니다. 이것이 또 다른 기회를 만들어냅니다.

강한 신념은 강한 힘을 갖습니다. 아무리 어려운 일이라도 반드시 실행하고자 하는 의지가 생깁니다. 신념이 의지를 만들고 의지는 신념이 흔들리지 않도록 받쳐줍니다.

혹시 귀가 없는 채로 태어난 사람이 있다면 과연 소리를 들을 수 있을까요? 당연히 듣지 못할 것입니다. 하지만 귀가 없이 태어난 아들에게 소리를 찾아준 아빠가 있었습니다.

그는 아이가 태어났을 때, 아들은 귀가 없기 때문에 평생을 귀머거리로 살아야 한다는 말을 의사로부터 들어야 했습니다. 하지만 아빠는 아들이 비록 귀가 없이 태어났더라도 그것 때문에 평생을 귀머거리로 지내지는 않을 것이라고 되받아쳤습니다. 그는 또 말했습니다.

"선생님, 어떤 의미에서는 저도 의사입니다. 진실로 원하고 갈망하는 한 어떤 역경이라도 극복할 수 있는 강력한 치유법을 알고 있기 때문입니다. 그 첫 단계가 무엇인지 아십니까? 어떤 경우라도 체념하지 말라는 것입니다."

그로부터 25년 후, 뉴욕에서 권위 있는 어느 귀 전문의가 손에 X-레이 필름을 들고 흐뭇한 미소를 지으며 진료실로 들어와서는 다음과 같이 말했습니다.

"정말 기적입니다. 이 청년의 머리를 모든 각도에서 엑스레이 촬영을 해보았지만 청력기관의 흔적은 어디에서노 찾을 수 없습니다. 그런데도 이 청년은 정상인 청력의 65퍼센트를 갖고 있습니다."

이 이야기는 꾸며낸 게 아닙니다. 귀가 없이 태어난 것을 하늘의 형벌로 받아들이기를 거부한 아버지는 바로 미국 성공 철학의 거장인 나폴레온 힐Napoleon Hill이었습니다.

그는 거의 9년 동안 아들의 청력을 회복시켜 주기 위해 엄청난 노력을 기울였고, 그 결과 아들의 청력을 살아가는 데 불편하지 않을 정도로 회복시킬 수 있었습니다.

이 이야기는 긍정의 마음, 그리고 신념의 힘을 너무도 잘 보여줍니다. 신념은 새로운 기회를 만들고 그것을 성공으로 이끄는 힘의 원천이 됩니다. 삶의 역경과 고달픔에서 우리를 꿋꿋하게 지켜주는 것은 다름 아닌 신념입니다.

| 성공한 사람을 모방하라

성공을 앞당겨주는 습관과 신념 만들기, 계획 세우기, 이미지 트레이닝, 마인드컨트롤 등이 복잡하고 버겁게 느껴진다면 비교적 수월하게 성공 궤도에 오르는 방법 또한 있습니다. 바로 '모방'입니다. 특히, 상대적으로 작은 성공을 바란다면 모방은 성공에 이르는 가장 유용한 수단이 될 수 있습니다.

행동과학 또는 심리학에서는 모방을 '바람직한 특정 행동을 모델로 삼아 그 행동이 일어나는 과정과 절차에 맞추어 따라하는 것'으로 정의합니다. 특히 사회심리학 분야에서는 이 모방을 매우 중요한 학습 방법으로 취급하고 있습니다.

사람들은 저마다 닮고 싶어 하는 사람이 있습니다. 나이가 어릴수록 누군가를 모방하려는 경향이 더한데, 심리학에서는 이런 현상을 '동일시identification'라고 부릅니다. 즉, 자기가 좋아하거나 이상으로 여기는 사람의 특성을 마치 자기 것처럼 여기는 현상입니다.

그가 행복해하는 모습을 보면 괜히 기분이 좋고 그가 힘들어하거나 불행해 보이면 함께 기분이 나빠지고 불행에 빠진 듯한 착각을 느낍니다. 학생이 선생님을, 청소년이 특정 연예인을 자신과 동일시해 똑같은 헤어스타일, 복장, 액세서리를 하곤 합니다. 심지어, 제 딸은 중학교 시절에 자신이 너무 좋아하는 꽃미남 연예인의 아버지가 돌아가셨다는 이유로 함께 슬퍼하면서 울기까지 한 적도 있었습니다. 그만큼 동일시는 큰 영향력을 가지고 있습니다.

물론 동일시는 잘만 관리한다면 삶의 원동력이 되고 성공을 위한 방편이 되기도 합니다. 왜냐하면 특정 분야에서 유능하거나 우수한 사람들, 또는 모범이 되는 사람들의 훌륭한 특성을 닮고자 하는 노력을 통해 우리도 차츰 그 방향으로 성장할 수 있기 때문입니다.

제게 숯불걷기를 알려준 앤서니 라빈스가 들려주는 이야기 중에 모방의 중요성을 잘 보여주는 에피소드가 하나 있습니다.

지난 수백 년 동안 사람들은 인간이 1마일(1.6km)을 4분 안에 돌파하는 것은 불가능하다고 여겨왔습니다. 그런데 1954년에 로저 배니스터Roger Bannister라는 사람이 그 불가능의 믿음을 깨뜨렸습니다. 그는 이 장벽을 뛰어넘기 위해 신체훈련뿐 아니라 이미지 트레이닝을 꾸준하게 실천했다고 합니다. 즉, 1마일의 거리를 4분 안에 주파하는 자신의 모습을 생생하게 떠올리는 훈련을 수없이 반복한 것입니다. 그리하여 마침내 4분의 벽을 깰 수 있었습니다.

그런데 여기서 주목할 것은, 배니스터가 4분 벽을 깼다는 사실이 아니라 그 후 다른 선수들의 모방입니다. 그가 기록을 세운 이후 1년 이내에 37명의 다른 선수들이 4분의 기록을 깼으며, 이듬해에는 다시 300명의 선수들이 같은 기록을 세웠습니다. 배니스터가 기록을 세우자 '나도 그처럼 할 수 있다'라는 모방의 심리와 자신감이 그 같은 기록으로 이어진 것이지요.

모방은 이처럼 큰 힘을 발휘합니다. 간혹 모방을 공정하지 못하고 부정적인 것으로 여기는 듯한 편견이 있는데, 사실 모방 없는 창조는 애초에 없습니다. 더욱이 어떤 분야에서든 숙련의 최고 단계가 아니라면 '무작정 따라하기'의 힘을 간과해서는 안 됩니다. '고수는 남의 것을 베끼고 하수는 자기 것을 쥐어짠다'라는 말의 속뜻을 음미해보기 바랍니다.

모방이 중요한 이유는 그것이 숙련의 가장 빠른 방편이기도 하거니와 또 다른 창조의 원천이 되기 때문입니다. 닮고 싶은 사람의 자세나 태도를 열심히 따라하고 모방해 그것이 내 속에 뿌리를 내리게 될 때, 우리는 새로운 시야에서 나만의 성공 모델을 재창조할 수 있게 됩니다. 말하자면, 창조적 모방이 되는 셈이지요.

모방을 하기 위해서는 대상, 즉 모델이 있어야 합니다. 흔히 모델이란 패션 분야에서 특정 스타일이나 브랜드의 의상, 액세서리 같은 것을 착용하고 선보이는 사람을 말합니다. 그리고 일반적으로 모델이라고 하면 예쁘고 잘생기고 날씬해서 멋있는 사람이라는 이미지를 떠올리게 됩니다.

하지만, 성공을 바라는 우리가 찾아야 할 모방의 대상은 그와는 다릅니다. 왜냐하면 우리는 탁월성과 성공, 성취, 변화를 추구해야 하기 때문입니다. 그러한 특성을 가장 두드러지게 가진 사람이 우리의 모델이 될 수 있습니다.

우선은 모방할 대상에 주의 깊게 관심을 기울이는 것에서부터 시작합니다. 무엇이든 관심을 갖고 보면 보이는 법입니다. 현재 당신은 어떤 사람에게서 어떤 부분을 모방하고자 하나요? 그 대상을 찾는 일은 각자의 몫이 되겠습니다만, '무엇을 모방할 것인가'에 대해서는 아래와 같은 준칙을 적용할 수 있습니다.

첫째, 모방할 대상의 행동입니다.

그가 어떤 상황에서 어떤 특징적인 행동을 하는지에 초점을 두고 관찰합니다. 그 행동을 구체적으로 어떤 순서에 따라, 어떤 요령으로 하는지를 집중적으로 보는 것입니다.

둘째, 모방할 대상의 사고방식입니다.

모방하고자 하는 대상이 어떤 식으로 생각하고 사고하는지에 관심을 갖고 관찰합니다. 사람마다 생각이 다르고 사고방식이 다른 법입니다만, 생각은 말로 표현되므로 그의 말 속에 담긴 생각, 가치관 등을 유심히 살피고 따라합니다.

셋째, 모방할 대상의 감정 처리입니다.

동일한 상황이라도 사람들마다 감정을 처리하는 방식이 다른데, 모방 대상자는 감정을 어떻게 처리하는지를 관찰하고 모방합니다. 우리 주위에는 부정적인 감정을 쉽게 드러내는 사람이 있는가 하면 늘 밝고 긍정적인 감정의 소유자도 있습니다. 내가 모방 대상으로 삼은, 성공한 사람들의 감정 처리는 어떠한지를 살펴 따라할 수 있도록 노력합니다.

이 외에도 모방의 대상은 대인관계, 업무처리, 시간관리, 금전관리, 조직운영, 리더십 등이 가능할 것입니다. 성공을 위해 내게 꼭 필요한 덕목과 방편은 무엇인지를 생각해본 다음, 내가 따라야 할 사람과 그의 장점을 찾으면 됩니다. 그의 성공을 모방함으로써 우리 또한 성공의 길에 들어서게 될 것입니다.

PART 2

You Can Make a Success

결심과 노력에 관한
심리학적 고찰

날고 싶은 충동을 느끼는 사람은 절대로 기는 것에 만족하지 않는다.

- 헬렌 켈러 -

01

성공은 간절히 바라는
데에서 시작된다

마 음이란 과연 무엇일까요? 마음의 성격을 이해하고 그것이 성공과 어떤 관계가 있는지에 대해 알아보기 전에 모두가 잘 아는 이야기를 하나 보겠습니다. 마음의 특성을 가장 단편적으로 드러내는, 원효대사의 고사입니다.

♠ ♠ ♠

신라의 고승 원효대사는 서기 661년, 그의 나이 44세 때에 의상과 함께 당나라 유학길에 올랐습니다. 목적지를 지척에 둔 어느 날 밤 원효는 지치고 피곤한 몸을 이끌고 하룻밤을 쉴 수 있는 토굴에 들어갔습니다. 그곳에서 목이 말라 물을 찾던 중에 바가지에 담긴 물을 발견하고 마셨는데, 그 물맛이 너무도 달고 시원했습니다.

다음 날 아침, 그는 어젯밤에 마셨던 물 생각이 나서 다시 찾았을 때 그것이 해골 물인 줄 알고는 큰 충격을 받았습니다.

'똑같은 물이 어제는 그렇게 맛있었건만 오늘은 더럽게 느껴지고 고통스런 구토가 나는 것은 웬일인가!'

이렇게 느꼈던 것이지요.

이 일을 통해 원효는 '사물 자체에는 정淨도 부정不淨도 없고 모든 것은 마음에 달렸다'라는 진리를 깨닫게 됩니다. 그래서 10년간 준비했던 유학길을 포기하고 수행에 더욱 매진해 새로운 불교의 경지를 이루었습니다. 그가 깨달은 것은 일체유심조一切唯心造이며 그것은 곧 마음의 본질에 대한 이해였습니다.

마음은 보이지도 만져지지도 않습니다. 추상적이며 막연한 것으로 여겨지기도 합니다. 하지만, 일체유심조란 말이 있듯이 세상 모든 것은 마음에서 비롯됩니다.

사람이 하늘을 날고 달나라에 갈 수 있었던 것은 몇 백년 전, 아니 어쩌면 몇 천년 전에 누군가 그러한 생각을 하고 꿈꾸었기에 가능했을 것입니다. 도시에 있는 수십 층의 고층빌딩도 어느 건축가의 마음속 그림으로부터 시작되었습니다. 도로 위를 달리는 자동차도, 바다 위를 떠다니는 배도 모두가 누군가의 마음이 떠올린 생각에서 비롯되었습니다. 우리가 꿈꾸는 성공도 그러합니다. 마음으로 생각하고 앞날을 그리는 것에서부터 우리의 성공은 시작됩니다.

| 성공의 언어가 성공의 마음을 만든다

마음의 뿌리가 되는 생각은 언어라는 도구를 거쳐 표현됩니다. 언어라고 하면 평소 입으로 내뱉는 말(言)만을 생각하는 경향이 있는데, 언어의 개념에는 신체적인 신호를 포함하는 게 일반적입니다.

예를 들어, 다른 사람이 소리 없이 보여주는 미소는 그가 나를 좋아한다는 신호로서 언어의 또 다른 형태입니다. 그리고 경기에 임하는 선수가 두 주먹을 불끈 쥐는 것은 꼭 이기겠다는 마음을 보여주는 의사표시입니다. 따라서 언어는 말과 '말이 아닌 말', 즉 신체언어body language로 구성된다고 하겠습니다. 이 신체언어에는 목소리, 표정, 행동, 자세, 제스처 같은 게 포함됩니다.

앞에서 살폈듯이 성공을 위해서는 성공의 마음을 가져야 하고, 성공의 마음을 위해서는 성공의 생각과 감정을 가져야 하며, 성공의 생각과 감정을 위해서는 성공의 언어를 가져야 합니다. 그리고 성공의 언어를 위해서는 성공의 말을 하고 성공의 목소리, 성공의 표정과 몸짓, 성공의 자세와 행동을 취할 필요가 있습니다.

요컨대, 성공은 성공의 언어로부터 시작된다고 할 수 있습니다. 정리하자면 아래의 모형이 되는 것입니다.

성공의 언어(말과 신체언어) → 성공의 생각과 감정 →

성공의 마음 → 성공

소리를 내어 "나는 할 수 있다."라고 말해보기 바랍니다. 이 말을 할 때의 마음 자세와 "나는 실패할 것이다."라고 말할 때의 마음 자세가 어떻게 다른지 느껴보기 바랍니다.

다음에는 가슴과 어깨, 두 팔을 아래로 축 늘어뜨리고 작고 약한 목소리로 "나는 할 수 있다."라고 말해봅니다. 또 이때의 느낌을 느껴봅니다. 그리고 이번에는 심호흡을 한 번 하고 가슴을 활짝 편 후에 두 주먹을 불끈 쥔 상태에서 하늘을 향해 팔을 힘차게 펼치면서 "나는 할 수 있다."라고 외쳐보기 바랍니다.

이렇게 해보면 말과 신체언어의 차이, 또 성공의 언어(말과 신체언어)가 성공 그 자체에 어떻게 영향을 미치는지 막연하게나마 느낄 수 있을 것입니다.

이번에는 생각과 감정이 성공에 어떻게 관여하는지 느껴보겠습니다.

과거에 경험했던 특정 사건 중 처참하게 실패했던 기억을 하나 떠올린 다음, 그때의 기분을 느끼면서 앞에서 했던 것처럼 작고 힘없는 목소리로 "나는 할 수 있다."라고 말해봅니다. 그리고 잠시 후에는 과거에 성공했던 기억을 떠올리며 두 주먹을 쥐고 큰 소리로 "나는 할 수 있다."라고 소리쳐봅니다.

이 두 가지 태도 실험에서 우리는 분명한 차이를 느낄 수 있습니다. 언어로 나타나는 생각과 감정들은 현재의 마음을 결정짓고, 이 마음의 상태는 최종적으로 바라는 목표로 향하는 첫걸음에 해당합니다. 그러므로 성공의 언어, 성공의 생각과 감정으로 이루어지는 성공의 마음을 갖는다면 성공의 여정은 이제 막 시작된 것이라고 할 수 있습니다.

성공의 길에는 많은 장애물, 고통이 도사리고 있습니다. 그리고 그것들을 극복하는 데 많은 시간이 필요할 수도 있습니다. 지금 당장 성공의 언어와 성공의 마음을 가져보기 바랍니다. 과거의 성공 기억을 떠올리고, 성공에 대한 생각을 하면서 그 느낌과 감정을 다시 느껴보기 바랍니다. 성공의 여정을 걷는 도중에 마주칠 수많은 시련 속에서 성공의 느낌, 성공의 생각이 우리를 지켜줄 것입니다.

| 사고와 행동의 패러다임 전환

　우리는 날마다 누군가와 대화를 나누며 살아갑니다. 하루에도 수없이 많은 말들을 쏟아냅니다. 그런데 성공을 위해서는 이제까지 무의식적으로 해오던 언어적 습관이나 삶의 태도, 패턴에 대해 되돌아볼 필요가 있습니다.

　습관적으로 내뱉는 말, 예를 들어 짜증난다, 싫다, 귀찮다, 성가시다, 죽고 싶다, 되는 일이 없어, 꼴도 보기 싫어……. 이런 말들은 한 번 내뱉고 나면 그냥 그걸로 허공 속에 사라지고 마는 걸까요?

　'생각은 자석'이라는 말이 있습니다. 우리가 의식하든 그렇지 않든 자신이 한 말과 생각들은 에너지와 파동을 만들어 주위에 영향을 미칠 뿐 아니라, 그에 상응하는 에너지와 파동을 자기 속으로 끌어들입니다. 다시 말해, 우리의 생각이나 말들은 자석과 같아서 부정적인 말들을 내뱉는 순간에 부정적인 에너지나 기운을 끌어당기게 되는 것입니다.

　사회과학에서 자주 인용되는 패러다임paradigm이란 개념이 있습니다. 동시대 사람들의 신념과 가치, 정체성, 기대, 태도, 관습 같은 사고 패턴을 모두 아우르는 인식의 체계라 할 수 있는데, 이 개념은 개인의 사고 틀에도 그대로 적용할 수 있습니다. 즉, 우리는 자신의 패러다임에 따라 세상을 살아갑니다. 내 패러다임에 맞게 생각하고,

말하고, 행동하는 것입니다.

따라서 내면의 궁극적인 변화를 원한다면 자신의 패러다임부터 바꿔야 합니다. 패러다임은 사고와 가치관의 근본 틀에 해당하기 때문입니다. 패러다임을 그대로 두고 잔 습관 몇 가지를 바꾸었다고 해서 삶이 크게 바뀌는 일은 없습니다.

내면에서 털어내야 할 먼지들과, 버려야 할 묵은 습관이 있는지 살펴보고 손을 봐야 합니다. 마음속에서 오래 곪아 상처가 난 환부는 고름을 짜내고, 필요하다면 살갗이라도 도려내는 고통을 우리는 기꺼이 견뎌야 합니다.

이것은 우리의 평소 생각이나 패턴을 바꾸는 차원을 넘어서서, 개인에게 주어진 조건에서 생각하는 방식 그 자체를 바꾸는 것을 의미합니다. 패러다임의 변화란 바로 그러한 것입니다.

미국의 유명한 발명가 토머스 에디슨은 "시작과 창조의 모든 활동에는 한 가지 기본적인 원리가 있는데, 그것은 우리가 진정으로 하겠다고 결단을 내리는 순간, 그때부터 하늘도 움직이기 시작한다는 사실이다."라고 했습니다.

이때의 '결단'이란 말을 가볍게 보지 않기 바랍니다. 진정으로 내리는 결단은 이제까지의 모든 생각과 습관의 틀을 해체하고 새로운 목표를 향해 나의 모든 것을 던지겠다는 마음이어야 합니다. 하늘은 괜히 움직여주지 않습니다.

에디슨의 말은 결국 새로운 패러다임을 갖는 것, 즉 패러다임 전환의 중요성을 강조한 것이라 할 수 있습니다. 쉬운 예를 하나 들어 보겠습니다.

대다수 학생에게 공부는 지루하게만 느껴집니다. 하지만 자신이 바라는 미래 모습이나 성취하고 싶은 목표를 생각하게 되면 힘들어도 지금의 노력이 필요하다는 사실을 깨닫게 됩니다.

이때 그는 하기 싫었던 공부가 미래를 위한 가치 있는 투자로 여겨지는 패러다임의 전환을 경험하게 됩니다. 다만, 막연히 '공부를 해야 하지 않을까'라는 생각을 하는 정도라면 패러다임의 전환이라 할 수 없습니다. 능동적이고 적극적으로 생각의 기본 틀을 다시 짜야 합니다.

에디슨의 남다른 패러다임을 단적으로 보여주는 에피소드가 하나 있습니다.

어느 날 에디슨은 자신의 실험실에 불이 나자 아들을 불러 "찰스, 엄마는 어디 계시니? 엄마를 찾아서 어서 불구경을 하시라고 해. 실험실이야 다시 만들면 되지만 이런 큰 불구경을 하기란 쉬운 일이 아니란다."라고 했다고 합니다. 당황하고 놀랄 상황에서 에디슨은 전혀 색다른 발상으로 대처한 것이지요.

성공을 위해 새로운 계획을 세우고 새로운 비전을 갖게 되는 경우, 그것을 위한 분명한 패러다임의 전환이 필요합니다. 이것은 더 이상 예전의 자신이 아니라는 사실을 스스로에게 약속하는 방편이기도 합니다. 새로운 변화와 새로운 각도에서의 성공을 꿈꾼다면 새로운 마음가짐으로 출발해야 하는 것이지요.

새로운 목표와 비전을 위해 나는 어떤 패러다임을 준비할 것인지 스스로 고민해보기 바랍니다. 미국의 자기계발 전문가 제임스 레이James Ray의 말처럼, 결국 '나의 패러다임이란 내가 창조한 것이며 그 패러다임은 또한 나를 창조할 것'이기 때문입니다.

02

결심이 습관으로
이어지지 않는 이유

어떤 행동이든 일정한 패턴이 있습니다. 걸을 때는 걷는 패턴이 있고, 식사할 때는 그 사람 나름의 식사 패턴이 있습니다. 운전할 때도, 공부할 때도, 회사 업무를 처리할 때도 마찬가지입니다. 그러한 패턴은 심리적인 차원에서도 나타납니다.

하지만 패턴이라는 것은 무의식적으로 이루어지는 절차라서 스스로 의식하지 못할 뿐 아니라 그러한 패턴이 있다는 사실조차 모르는 경우가 많습니다. 패턴은 일종의 습관이라고 할 수 있는데, 간단하고 사소한 습관이라 할지라도 쉽게 바뀌지 않습니다. 습관이 참으로 무서운 이유입니다.

운전을 거칠게 하는 사람은 늘 거칠게 운전을 하고, 식사를 빨리 하는 사람은 늘 빨리 먹고, 화를 잘 내는 사람은 늘 화를 냅니다. 멀리 떨어져서 걸음걸이만 봐도 그가 친구 중 누구인지를 짐작할 수 있고, 보고서 양식만 보고도 그 서류를 작성한 이가 누구인지 알 수 있습니다. 저마다 독특한 패턴이 있고 서로 다른 습관이 있기 때문입니다.

지금 당장 신발을 벗어서 밑바닥을 살펴보기 바랍니다. 아마 뒤축의 특정 부위가 더 많이 닳아 있을 것입니다. 그것은 자기도 모르는 사이에 그쪽 부위에 힘을 더 주고 걷는 걸음걸이 패턴 때문에 생겨난 결과입니다.

마찬가지로, 두 손바닥을 마주 보게 한 다음 깍지를 끼어보십시오. 두 개의 엄지손가락 위치가 어떤가요? 어느 쪽 엄지손가락이 아래에 있나요? 이번에는 엄지손가락 위치를 바꾸어서 다시 깍지를 끼어보십시오. 어떤가요? 편한가요, 아니면 어색한가요? 행여 별 차이를 못 느끼겠다면 손등을 마주 보게 한 다음 손깍지를 끼어보십시오. 분명히 어색하고 불편할 것입니다. 이것은 평소의 패턴과 다르게 손깍지를 끼었기 때문입니다.

이처럼 우리는 스스로 의식하지 못하는 가운데 특정한 패턴으로 행동하고 있으며, 그 패턴을 바꾸거나 패턴대로 행동하지 않으면 불편함을 느낍니다. 이 말은 원래의 패턴(습관)이 훨씬 편하다는 뜻이기도 합니다. 그런 이유로, 기존의 패턴이나 습관을 바꾸기는 정말 어렵습니다.

성공을 위해 변화를 앞당기기 위해서는 이러한 패턴을 깨는 게 우선입니다. 하지만 그토록 바꾸기 어려운 패턴인데, 이를 바꾸려면 어떻게 해야 할까요? 바로 '행동'이 아닌 '행위'에 주목하는 데 해결의 실마리가 있습니다.

| 행동이 아닌 행위에 초점을 맞춘다

행동behavior과 행위action, 이 두 단어는 서로 비슷한 뜻 같지만 약간의 차이가 있습니다. 행위는 행동보다 작은 단위라고 할 수 있습니다. 담배 피우는 행위가 모여서 흡연이 되며, 이는 곧 흡연 행동을 의미합니다. 마찬가지로 술 한 잔 마시는 행위가 모여 음주가 되며, 이것은 곧 음주 행동이 됩니다. 결국 행동은 일련의 특정 행위들로 구성된다고 할 수 있습니다.

따라서 특정 행위가 이어지지 않으면 행동도 없지 않을까요? 여기에 습관 바꾸기의 힌트가 숨어 있습니다. 행위 하나하나에 초점을 둔다면 문제 행동의 해결은 뜻밖에 쉬울 수도 있습니다.

육상경기의 모습을 담은 사진 중에는 선수가 결승지점을 통과하는 순간동작을 포착한 게 많습니다. 축구선수가 골을 넣는 장면을 보여줄 때도 어떤 동작으로 뛰어와서 어떤 각도의 발 움직임으로 공을 차 넣는지를, 선수의 순간동작을 캐치해서 보여줍니다. 이때 순간동작 하나하나를 행위라고 할 수 있으며, 이러한 행위들이 모여 달리기 실력이 되고 축구 실력이 됩니다. 그래서 선수들은 이러한 행위(순간동작) 하나하나를 열심히 분석하고 연습합니다.

그런데, 운동선수들이 자기가 하는 운동의 전문가이듯이 당신은 자신이 고민하는 문제 행동의 '전문가'입니다. 내 행동에 대해서는 내가 가장 잘 아는 것입니다.

그렇다면 문제 행동의 전문가로서 우리는 어떤 해결책을 내놓을 수 있을까요? 흡연 습관 때문에 고민이 된다면 당신의 전문 분야인 흡연을 잘하는 행동 자체를 분석해 그 행동이 어떤 구체적인 '순간행위'로 이루어지는지를 이해할 필요가 있습니다. 그런 다음, 문제 행동의 전 과정 중에서 한 가지 행위라도 바꿀 수 있다면 문제에서 벗어나기 쉽습니다.

이와 같은 원리는 심리적 차원에도 적용할 수 있습니다. 만약 우울증으로 시달리고 있다면 '우울해하는 데 전문가'인 당신의 행위를 찬찬히 들여다보기 바랍니다.

• 가능하면 오랫동안 잠자리에 누워 있다.

- 한 자리에 오래 앉아 있고 잘 움직이지 않는다.

- 외출을 싫어하고 걷기를 비롯해 어떤 운동도 하지 않는다.

- 친구들을 만나지 않고 가능하면 혼자 지낸다.

- 좋은 일이 있더라도 '어쩌다 그렇게 된 것'이라고 여긴다.

- 스스로에 대해 '못났다', '인기가 없다'고 생각하며 항상 그 생각에 몰두한다.

아마도 위와 같은 행위들이 관찰될 것입니다. 이것들이 우울해하는 행동의 구체적인 행위들이며, 달리 말하면 '우울증이라는 음식을 만드는 요리법'이라고 할 수도 있습니다. 우울증에서 벗어나려면 이 같은 행위를 의도적으로 멈추거나 반대로 행위해야 합니다. 그렇게 함으로써 패턴의 고리를 끊어버리는 것입니다.

| 변화를 바란다면 정신을 차려라

'정신을 차린다'라는 말이 있습니다. 이 말은 자신의 생각, 감정, 행동 하나하나를 놓치지 않고 인식하는 상태를 뜻하는데, 정신을 차리기 위해서는 고도의 집중력이 필요합니다. 예를 들어, 오늘 하루 당신이 오르내린 계단이 모두 몇 계단이었는지, 어느 쪽 발을 먼저 내딛었는지 정확하게 기억나지 않는다면 적어도 계단 오르기를 할 때만큼은 정신이 나가 있었다고 할 수 있습니다.

이처럼 작은 행동 하나도 그 패턴을 의식하면서 하고, 생각을 하거나 특정 감정을 느낄 때도 그 패턴을 의식하는 게 정신을 차린다는 말의 참뜻입니다. 이러한 원리를 우리가 흔히 경험하는 문제 상황에 적용해보기로 하겠습니다.

우리는 문제 상황을 미처 인식하지 못하는 가운데 어떤 결과에 이르게 되는 경우가 정말 많습니다. 이때 원하지 않는 결과에 이르지 않으려면, 정신을 차리고 그 과정을 인식해 문제 상황의 원인이 될 만한 것을 초기에 차단하면 됩니다.

감기를 예로 들어보겠습니다. 다들 감기를 앓은 적이 있을 테니, 그때의 기억을 되살려 감기가 시작되고 진행되는 과정을 짚어보기 바랍니다.

가장 먼저, 감기가 본격적으로 시작되기 전에 '감기가 오는구나' 라고 느낄 때가 있습니다. 제 경우는 목에서부터 반응이 시작되곤 합니다. 평소와 다르게 목이 따갑게 느껴지는데, 이때 따뜻한 물을 마시고 말을 적게 하면서 조심하면 목의 증상은 금세 가라앉습니다. 하지만 그런 증상을 인식하지 못하고 평소와 다름없이 지내다보면 어느새 코가 간지럽고 재채기가 나오면서 콧물이 흐르고, 마지막에는 오한과 함께 두통이 찾아옵니다. 이게 저의 전형적인 '감기 패턴'이지요.

이 증상들은 제가 감기를 앓게 되는 과정에서 거의 대부분 일어나지만, 저도 모르게 진행되기 때문에 정신을 차리지 않으면 순식간에 마지막 과정까지 와버립니다.

현실의 제반 문제도 이와 마찬가지입니다. 문제 상황이 발생할 때에는 나름의 단계, 즉 흐름이 있고 과정이 있습니다. 이것이 곧 패턴입니다. 만약 우리가 그 과정이나 흐름을 인식하고 있으면 필요한 순간에 개입해 더 이상의 진척을 통제할 수 있습니다. 원하지 않는 결과에 이르지 않을 것이며, 결국 패턴은 바뀔 것입니다. 패턴의 과정 중 단 한 가지만 바꾸어도 패턴의 흐름이 바뀌고 결과가 바뀌는 것입니다.

고질적으로 반복되는 문제 상황이나 행동 패턴, 습관이 있다면, 그러한 문제 상황과 행동 패턴이 일어나고 진행되는 과정을 찬찬히 분석해보기 바랍니다. 또 그 과정이나 패턴을 중지시키기 위해 취할 수 있는 조치가 무엇인지를 생각해보기 바랍니다. 다시 말해, 패턴의 어느 단계에 개입해 문제 패턴을 깨뜨릴 것인지를 고민하는 것입니다.

예를 들어, 금연을 원하는 K군은 자신의 흡연 패턴을 '가슴이 답답하다 → 입술이 마르는 느낌이 든다 → 목이 칼칼해진다 → 무심코 담배에 손이 간다 → 담배를 만지작거린다 → 불을 붙인다'로 정리했습니다. 그리고 이 과정에서 흡연 패턴을 방해하고 흐름을 깨뜨리기 위해 첫 번째와 두 번째 단계에 개입하기로 했습니다. 즉, 가슴이 답답해지면 심호흡을 크게 하고 입술이 마르는 느낌이 들기 전에 물을 한 잔 마시기로 한 것입니다.

이로써 흡연이라는 행동 패턴에 균열이 생기게 되고 행동에도 변화가 일어나게 됩니다. 즉, 담배에 무심코 손이 가는 행동이 멈춰지는 것이지요.

우리가 흔히 경험하는 문제의 대부분은, 내가 원하지 않는 결과에 이르는 행동을 반복하면서도 그 패턴을 바꾸려고 하지 않거나 못하기 때문입니다. 마치 불나방처럼 불에 타 죽게 될 것인데도 끊임없이 불 주변을 맴돕니다. 또 누군가 말했습니다. '같은 일을 반복하고도 다른 결과를 기대하는 것은 미친 짓'이라고 말입니다. 만약 어떤 행동이 문제가 된다면 그 패턴을 바꾸기 바랍니다. 패턴 가운데 한 요소만 바꾸어도 결과는 전혀 딴판일 것입니다.

좋은 질문이 좋은 결과를 만든다

질문을 어떻게 하느냐에 따라서 제대로 된 답을 찾을 수 있고 그로 인해 문제 해결의 방향이 달라질 수 있습니다.

앤서니 라빈스는 자신의 책《네 안에 잠든 거인을 깨워라》에서 '질문의 힘power of questions'이라는 가르침을 주고 있습니다. 예를 들어 "무엇이 잘못되었습니까?"라고 물으면 그 질문을 받은 사람은 잘못된 것을 중심으로 생각하지만, "어떻게 하면 더 잘하겠습니까?"라고 묻는다면 더 잘할 수 있는 방법을 중심으로 생각하게 된다는 것입니다. 그래서 질문을 제대로 하는 것은 대단히 중요합니다.

라빈스에 의하면 질문은 세 가지 기능을 합니다.

첫째, 질문은 관심의 초점과 그에 따른 정서 상태를 즉각적으로 변화시킵니다.

질문을 어떻게 하느냐에 따라 관심의 방향과 초점이 달라지고, 정서 상태 또한 달라집니다. 앞에서 예로 든 "무엇이 잘못되었습니까?"라는 질문을 받는다면 잘못된 것을 생각하느라 당장의 기분이 저조해질 것입니다. 반면에 "어떻게 하면 더 잘하겠습니까?"라는 질문에는 더 잘하는 쪽으로 관심이 집중되면서 기분이 좋아질 가능성이 높아집니다.

둘째, 질문은 생략하는 대상을 바꿉니다.

사람은 동시에 모든 것에 관심을 갖거나 집중할 수 없습니다. 그래서 특정한 어떤 것에 관심을 두게 되는데, 그러는 동안 나머지 부분은 의식에서 생략될 수밖에 없습니다. 아래 그림에서 삼각형이 모두 몇 개인지 세어보기 바랍니다.

정답은 '5개'입니다. 그런데, 이 질문을 받고 답을 찾는 동안 우리는 의도하지는 않지만 사각형 같은 다른 도형을 보지 않거나 관심을 두지 않습니다. 인식이나 지각의 범위에서 생략하게 되는 것이지요. 마찬가지로, 사각형이 몇 개인지를 묻는 질문을 받으면 삼각형을 비롯한 다른 도형 역시 생략하게 됩니다. 새로운 질문을 받으면서 '생략하는 대상'이 바뀌어버린 셈입니다.

셋째, 질문은 내 안에 내재된 가능성이나 잠재성을 일깨웁니다.

예를 들어 "당신의 장점은 무엇입니까?"라는 질문을 받으면 사람들은 당연히 자신에게 어떤 장점이 있는지를 생각하게 되고, 이런저런 장점이 있다고 답할 것입니다. 이 과정에서 어쩌면 잊고 있었거나 무시했던 자신의 장점에 대해 다시 확인하는 기회를 갖게 됩니다.

이번에는 물이 반쯤 찬 컵 이미지를 보며 질문의 힘에 대해 살펴보겠습니다. 만약 "이 컵에는 물이 얼마나 있습니까?"라는 질문을 받는다면 사람들은 수면 아래쪽으로 시선을 집중해 '물이 이만큼 차 있다'라고 대답할 것입니다. 그리고 물이 있어서 좋다는 느낌을 은연중에 받게 됩니다.

하지만 "물이 얼마나 부족합니까?"라는 질문을 받는다면 수면 위쪽을 보면서 '이만큼 부족하다'라고 대답하고는 막연하게나마 부족한 부분에 대해 아쉬움을 느끼게 됩니다.

　우리는 여기서, 질문이 관심의 초점과 그에 따른 정서 상태를 즉각적으로 변화시킨다는 사실을 확인할 수 있습니다. 아울러 질문을 접하고 대답하는 동안 질문에서 다루어지지 않은 부분에 대해서는 자연스럽게 생각하지 않거나 생략하게 된다는 사실도 알았습니다. 더욱이 내재된 가능성이나 잠재성을 찾도록 하는 데 질문의 힘을 활용할 수도 있습니다.

　자, 그러면 스스로에게도 다음과 같이 질문해보기 바랍니다.

　"나의 장점은 무엇일까?"

　"내가 가장 자신 있고 잘할 수 있는 일은 어떤 것일까?"

　"내가 가장 행복을 느낄 때는 언제일까?"

| 문제 중심의 질문 vs 해결 중심의 질문

사람들은 어떤 문제가 생기면 '왜 이런 일이 생길까?', '이 문제의 근본 원인은 무엇일까?', '왜 내가 이런 일을 겪어야 하나?' 같은 질문을 스스로에게 던짐으로써 문제의 원인과 이유를 찾으려 합니다. 이처럼 문제의 원인을 찾고 문제 자체에 초점을 두는 질문은 '문제 중심의 질문'입니다.

문제 중심의 질문은 문제의 원인을 알아낼 수는 있지만, 문제 해결에는 직접적인 도움이 되지 않는다는 단점이 있습니다. 원인을 안다고 해도 현재의 여건상 또는 스스로의 힘으로는 어떻게 해볼 도리가 없는 경우가 많기 때문입니다.

예를 들어, 불안증이나 우울증은 생리적으로는 신경전달물질의 이상 때문에 생기지만 그와는 별도로 심리적인 원인, 특히 과거의 실패나 좌절 경험 때문에 생길 가능성이 큽니다. 이런 경우에 원인을 안다고 해도 지나간 과거를 어떻게 하기 어려울 뿐 아니라, 오히려 지나간 과거에 대한 기억으로 힘들어하게 돼 문제에서 벗어나기 어렵습니다. 혹은 원인 자체를 알기 어렵거나 찾지 못할 수도 있습니다. 이런 상황이라면, 문제 중심의 질문을 해서는 영원히 문제를 해결할 수 없습니다.

이번에는 해결 중심의 질문에 대해 살펴보겠습니다. 이것은 원인과는 상관없이 문제를 해결하는 데 직접적으로 도움이 되는 질문 방식입니다.

'이 문제의 해결에 도움이 되는 방법에는 어떤 게 있을까?'

'이 문제에서 벗어나려면 내가 무엇을 해야 할까?'

이처럼 주로 문제를 해결하는 데 도움이 되거나 문제 해결을 위한 방법에 초점을 두는 질문이 '해결 중심의 질문'입니다.

이 두 가지 질문 방식이 현실에서 어떤 다른 결과를 가져오는지 예를 통해 살펴보겠습니다. 아래는 시험을 맞친 아들과 그 엄마의 대화입니다.

[문제 중심의 질문]

아들의 성적이 예상보다 낮게 나와서 본인뿐 아니라 부모의 실망도 이만저만이 아닙니다. 그 원인에 대해 엄마는 아들에게 이렇게 물었습니다.

"왜 이번에는 성적이 이토록 형편없어?"

"열심히 했는데……. 예상보다 시험이 어려웠어요."

"열심히 하지 않았겠지. 시험이 어려웠다는 건 공부를 제대로 하지 않은 학생들의 핑계에 불과해. 왜 공부를 열심히 하지 않았어?"

"죄송해요……."

엄마는 아들의 성적이 나쁜 원인을 찾아주려는 의도였겠지만, 엄마의 질문에 아들은 할 말을 잊습니다. 이 엄마의 질문 방식이 바로 문제 중심의 질문이며, 이 대화는 실패에 초점을 둔 채 계속 이어집니다. 결과적으로 두 사람 모두 기분이 나빠지며, 좌절감이나 분노의 감정을 느끼기 쉽습니다. 그런데도 우리는 대부분의 문제 상황에서 이처럼 문제 중심으로 질문하고 대화하는 경향이 있습니다.

이번에는 똑같은 상황에서 다른 방식의 대화를 보겠습니다.

[해결 중심의 질문]

"이번에는 예상보다 시험 성적이 잘 나오지 않았구나?"

"네, 죄송해요. 엄마."

"괜찮아. 그 대신 어떻게 하면 다음번에는 성적이 나아질 수 있을까?"

"공부한 내용을 좀 더 오래 기억할 수 있는 방법을 찾아야 할 것 같아요. 사실 공부를 한다고 했는데 막상 시험을 볼 때는 생각이 잘 나지 않았거든요."

"그랬구나. 그럼 어떻게 하면 좀 더 오래 기억할 수 있을까? 방법을 생각해보자. 쉽게 떠올랐던 내용이 있다면 그걸 참고로 해서 방법을 찾을 수 있지 않을까?"

이 대화는 문제의 원인과는 크게 상관없이 문제 해결에 직접적으로 도움이 되는 방향과 방법을 찾는 데 초점을 두고 있습니다. 이것이 해결 중심의 질문입니다. 아이도, 엄마도 기분이 나빠질 이유가 없습니다.

우리가 어떤 상황에서 해결 중심의 질문으로 대화를 이끌어갈 수 있다면 보다 효과적으로 문제에서 벗어날 뿐만 아니라 문제 해결 이상의 소득도 얻을 수 있습니다.

다만, 진정한 문제 해결을 위해서는 스스로의 결단과 실천이 꼭 필요합니다. 사실 대다수 사람들은 자신에게 불리한 여건에서는 '그것 때문에'라며 자신을 변명하거나 합리화하기 쉽습니다. 궁극적으로 문제의 진정한 원인은 자기 자신에게 있습니다. 따라서 문제 해결의 열쇠도 스스로에게 있습니다. 같은 맥락에서, 미국의 26대 대통령 데오도르 루스벨트는 다음과 같이 말하기도 했습니다.

'자신이 허락하지 않고는 아무도 자신을 비참하게 만들 수 없다.'

일과 사람으로부터
편안해지는 비결

마음은 추상적인 개념으로 무어라 정확하게 정의하기가 쉽지 않습니다만, 구체적인 개념으로 표시할 수는 있습니다.

우선, 마음은 생각과 정서로 구성됩니다. 일반적으로 '마음을 바꾼다'라고 하면 막연한 감이 있습니다. 마음의 정체가 명확하지 않기 때문에 무엇을 바꿔야 하는 것인지 쉽게 이해가 되지 않는 것이지요. 하지만, 마음을 구성하는 생각과 정서를 바꾼다고 한다면 이해가 한결 쉬워집니다.

이처럼 마음을 바꾼다는 것은 생각이나 정서를 바꾼다는 뜻이기도 합니다. 그런데, 생각과 정서는 서로 영향을 미치는 관계라서 생각을 바꾸면 정서가 바뀌고 정서를 바꾸면 생각이 바뀌기도 합니다. 그러면서 마음이 바뀝니다.

그런 한편으로, 생각은 언어로 구성됩니다. 즉, 언어가 생각을 구성하는 기본 재료이므로 언어가 없으면 그에 따라 생각도 없다고 할 수 있습니다. 또한 언어는 말, 목소리, 신체적 반응으로 구성되는데, 이들이 각각 언어에서 차지하는 비율은 7%, 38%, 55% 정도라고 합니다. 이 세 가지 중 어느 한 가지라도 바뀌면 언어가 바뀐다고 볼 수 있습니다. 이것을 그림으로 나타내면 아래와 같습니다.

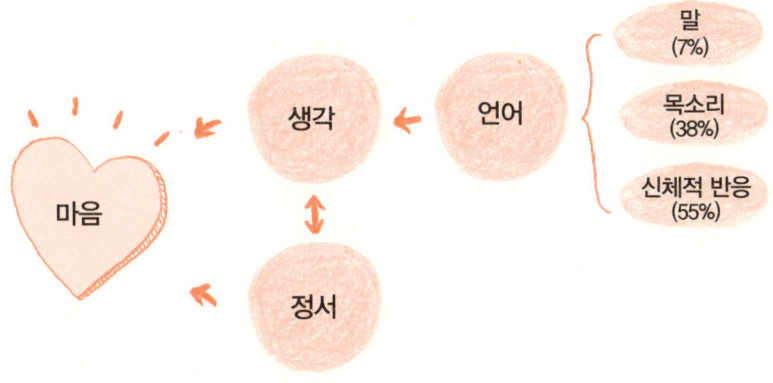

그런데 마음과 행동은 또 어떤 관련이 있을까요? 마음은 행동을 낳는 근원이 됩니다. 다시 말해서 마음은 신체적 반응을 일으키면서 행동을 유발하므로 마음이 바뀌면 행동이 바뀌는 것이지요. 그러므로 행동을 바꾸기 위해서는 마음을 바꾸는 게 먼저입니다.

　아울러, 행동이 반복될 때 습관이 되고 이 습관은 결국 성격을 만듭니다. 이것을 거꾸로 생각해보면, 성격을 바꾸려면 습관을 바꿔야 하고, 습관을 바꾸려면 행동을 바꾸어 의도적으로 반복해야 합니다. 그리고 이 모든 것의 근원에는 마음이 있는데, 이 마음을 바꾸려면 생각이나 정서를 바꿔야 하는 것으로 이해할 수 있습니다.

| 기억을 지우는 대신 부정적 정서를 없애라

　생각을 바꾼다는 것은 쉽게 이해했을 텐데, 정서를 바꾼다는 것은 또 어떤 의미일까요? 정서라는 말 대신 '감정'이란 말로 바꾸어 생각하면 쉽게 이해될 것입니다.

　정서는 긍정적인 정서와 부정적인 정서로 나눌 수 있는데, 여기서는 세상을 살아가는 데 큰 걸림돌이 되기도 하는 부정적 정서를 중심으로 살펴보겠습니다.

　부정적 정서란 불안, 공포, 슬픔, 분노, 죄책감, 외로움, 애정결핍처럼 어떤 일이나 상황과 관련해 경험하는 '원하지 않는 감정'입니다. 이것들은 마음을 불편하게 해 스트레스의 근원이 됩니다. 또한 그것 자체로 고통을 주는 것도 모자라 많은 경우 신체적 증상을 수

반합니다. 부정적 정서는 개인적 성공과 직접적인 관련이 없다고 하더라도 성공의 걸림돌이 될 것은 자명한 이치입니다.

마음은 몸의 기능에 영향을 미치기도 합니다. 이것을 심신상관성 mind-body connection이라고 하는데, 몸과 마음은 하나의 체계로 마음의 작용은 몸의 기능에 영향을 미치며, 몸과 마음은 불가분의 유기적인 관계에 있다는 의미입니다.

사탕이나 레몬을 생각하면 입안에 침이 돌고, 귀신이나 무서운 대상을 생각하면 소름이 끼치거나 가슴이 두근거립니다. 또 근심걱정이 많거나 스트레스에 시달리면 소화불량을 비롯한 위장장애, 두통, 심장장애 같은 고통을 겪게 되는데, 이런 것들이 심신상관성의 좋은 예입니다.

우리나라에서 흔히 발병하는 화병火病, 즉 울화병도 심신상관성의 차원에서 이해할 수 있습니다. 신체적 증상으로 표출되는 화병은 마음의 병인 한恨에서 비롯됩니다. 미국정신의학회는 화병을 'hwa-byung'이라는 공식적인 병명으로 '한국의 민속증후군 중 하나인 분노증후군으로서 분노를 억제함으로써 발생한다'고 설명하기도 합니다.

사람들은 신체적 증상을 위주로 질병 문제를 이야기하면서 그 근본 원인이 마음에 있다는 사실을 제대로 인식하지 못하는 경우가 많습니다. 설사 마음에 원인이 있다는 사실을 알았다 해도 마음의 문제를 치유하는 게 어렵기 때문에 미련스럽게 고통을 껴안고 살아갑니다.

대개의 경우, 한과 화병은 욕구에서 출발합니다. 심리학적 관점에서 욕구는 '무엇을 추구하고 바랄 때 경험하는 심리적 상태'라고 규정되지만, 생물학적 관점에서 보는 욕구는 내적 균형 상태를 유지하고자 하는 생물체의 특성입니다.

예를 들어, 생체는 몸 안의 수분을 일정한 수준으로 유지하고자 하는데, 어떤 이유로 체내수분이 일정한 수준에 못 미치면 갈증이라는 욕구를 느끼게 되는 것입니다.

그것이 심리학적 욕구 때문이든 생물학적 욕구 때문이든 우리는 욕구를 충족하기 전까지 스트레스를 경험하게 됩니다. 그러면서 불편한 감정이 생기고 고통으로 이어지는 상태에서 벗어나고자 본능적으로 노력합니다. 다행히 욕구가 충족되면 스트레스에서도 벗어나 만족감을 느끼게 되지만, 그렇지 못하면 욕구 좌절에 따른 스트레스가 누적될 수밖에 없습니다.

이처럼 충족되지 못한 욕구 좌절의 상태에서 누적된 부정적 정서의 덩어리가 마음의 응어리, 즉 한이 되는 것입니다. 그리고 한은 심리적인 것이지만 심신상관성의 원리에 따라 몸의 신경과 생리적 기능에 영향을 미치고 신체적 증상을 유발하게 되는데, 이것이 흔히 얘기하는 '화병'인 것입니다.

사람들은 일상의 갖가지 상황에서 부정적 정서를 경험합니다.

사랑하는 사람과의 이별로 인해 슬픔의 정서를, 중요한 시험을 앞둔 상황에서 불안의 정서를, 양심의 가책이 되는 잘못된 행동을 할 때 죄책감이라는 정서를 각각 경험합니다. 그리고 이들 정서는 시간이 흐른 다음에도 무의식에 남아 예전 일이 떠오를 때마다 그때 겪은 고통이 되살아나곤 합니다. 그래서 대다수 사람들은 부정적 정서를 유발하는 과거 기억을 지우고 싶어 합니다.

그런데, 사건이나 문제 상황을 머릿속에서 지우는 것보다 더 중요한 게 있습니다. 바로 그것에 개입된 부정적 정서를 없애는 것입니다. 기억은 지우고 싶다고 해서 지워지는 게 아닌 반면에, 과거와 관련된 부정적 정서를 없애면 관련 사건이나 일이 떠올라도 마음이 불편하거나 스트레스를 느끼지 않게 됩니다.

부정적 정서를 없애는 것은 스트레스가 많은 현대를 살아가는 우리에게 꼭 필요합니다. 일반적으로 정서 문제의 해결에는 '연합'과 '분리'라는 심리기법이 매우 유용합니다.

연합association 기법은 자신감, 자부심, 유능감, 행복감 등 긍정적 정서를 강화하고 증진시키는 방법입니다. 연합이란 어떤 경험에 대해 주관적으로 몰입하는 것으로, 분리와는 반대되는 개념입니다. 분리는 경험의 객관화, 정서의 둔감화와 관련되지만 연합은 경험의 주관화 또는 몰입화를 뜻합니다. 각각 살펴보겠습니다.

| 연합, 감정에 몰입하다

우리가 어떤 일에 스트레스를 느끼는 것은 그 일에 연합하기 때문입니다. 즉, 어떤 일에 연합하면 그 경험 자체에 몰입하게 되고, 이때 교감신경계가 활성화되면서 눈물이 나고 가슴이 뛰는 등 신체적 반응이 일어나게 됩니다.

대개 정서적으로 민감한 사람들이 연합을 잘 하는 경향이 있습니다. 그들은 외부 자극에 민감하게 반응하는 경향이 있으며, 스트레스에 약해 심리적으로 장애나 이상 증상을 가질 확률이 높고, 심지어 심인성 신체질환을 겪기도 합니다. 예를 들어 우울증, 불안증, 공포증 같은 심리장애는 과거의 심리적 충격이나 트라우마(심적 외상 후 스트레스 장애) 때문에 생기는데, 이러한 증상을 가진 사람들은 대부분 심리적으로 민감하다는 공통점이 있습니다. 즉, 연합을 잘 하는 성격의 소유자들인 것입니다.

이 같은 설명을 듣고 어쩌면 연합에 대해 안 좋은 인상을 받았을지도 모르겠습니다. 하지만 반드시 그렇지는 않습니다. 오히려 일상생활이나 치료 과정에서는 연합이 필요하며 도움이 될 때도 많습니다. 특히 긍정적인 경험의 경우에는 연합을 함으로써 그 경험에 깊이 몰입할 수 있는데, 이러한 경험과 정서는 삶의 소중한 자원이 되기도 합니다.

예를 들어, 사랑하는 사람과 데이트를 하거나 결혼한 일, 어려운 시험에 합격했던 일, 가족이나 친구들과 함께 여행 갔던 일, 상을 받거나 자격증을 딴 일과 같이 행복했거나 즐거웠던 순간을 떠올리면 저절로 기분이 좋아지고 행복해질 것입니다. 뿌듯한 기분을 느낄 수도 있습니다. 월드컵이나 올림픽 경기 등에서 '대~한민국'이라고 소리 높여 외쳤던 붉은 물결의 응원을 떠올리면 가슴이 뛰고 뜨거운 열정을 느낄 수 있는데, 이것이 바로 긍정적인 경험에 대한 연합의 예입니다.

| 분리, 강 건너 불구경하듯 하다

부정적 정서에서 벗어나기 위한 가장 기초적이고 효과적인 방법은 분리dissociation 기법입니다. 분리란 자기 자신의 마음 상태에서 벗어나 객관적인 입장에서 자신과 주변 상황 또는 특정 인물을 바라보는 것을 말합니다.

'강 건너 불구경하기'라는 속담은 분리하기의 좋은 예입니다.

건물이나 물건이 불타는 모습을 가까이서 직접 보게 되면 두려움이나 위기감이 느껴지겠지만, 강 건너 먼 곳에서 보면 마치 남의 일인 양 보게 되고, 그래서 정서적으로도 그다지 영향을 받지 않게 됩니다. 이것이 바로 분리의 효과입니다. 남의 싸움 구경하기도 마찬가지입니다. 이렇듯 분리는 경험을 객관화합니다. 제3자의 관점이나 마음에서 특정 경험을 바라보고 관조하는 것이지요.

'세월이 약'이라는 말이 있습니다. 이 말은 세월이 지나면서 나타나는 자연적 망각 효과를 뜻하는데, 이때 시간적 분리의 효과가 나타납니다. 한때 마음에 충격을 주었거나 부정적 정서를 유발했던 부정적 경험도 일정한 시간이 지난 시점에서 돌이켜 생각하면 뜻밖에도 '별일 아닌 일'로 느껴지고 담담하게 받아들여지는 경우가 있을 것입니다.

예를 들어, 성인이 되어서 어릴 때 살던 고향이나 졸업한 초등학교를 다시 방문하면 그렇게 크고 넓었던 운동장과 나무, 놀이기구들이 작고 초라하게 보이는 경험을 한 적이 있을 것입니다. 그것은 내가 그만큼 성장했기 때문이고 눈높이가 달라졌기 때문입니다.

마찬가지로, 시간이 흐르면서 육신의 키가 자라고 마음의 키도 성장하듯이 과거의 부정적인 경험조차도 세월이 흘러 마음이 성숙한 후에 다시 보면 오히려 아름다운 추억으로 기억되곤 합니다. 그럴 수도 있는, 그저 그런 일로 느껴지는 것이지요. 이것이 바로 분리의 효과입니다.

높은 곳, 즉 비행기에서 지상을 내려다보듯이 문제 상황을 바라보는 것도 분리의 한 기법입니다. 이 기법을 통하면 부정적인 경험을 객관화해 관조할 수 있어서 부정적 정서에서 차츰 멀어지고 마음이 편해집니다.(이것을 공중분리 기법이라고 하는데, 자세한 방법은 part 3에서 설명하겠습니다.)

앞에서 살펴본 연합과 분리의 개념을 영화 관람과 관련지어 생각하면 보다 쉽게 이해할 수 있습니다. 영화관에서 영화를 볼 때 처음에는 순전히 관객의 입장에서 객관적으로 보게 됩니다. 이것은 분리의 상태입니다. 그러다가 차츰 영화 내용에 몰입해 주인공이 느끼는 감정을 그대로 느껴 주인공이 슬퍼하는 장면에서 눈물을 흘리고 위험한 장면에서는 마음을 졸이게 되는데, 이는 영화 내용에 완전히 연합된 상태라고 볼 수 있습니다.

어떤 영화든 관객의 입장에서는 영화 내용이나 주인공에게 연합할 때 더욱 재미가 있는 법입니다. 그러나 관객이 다른 생각이나 걱정을 하느라 영화에 몰입하지 못하고 분리돼 있다면 그 영화에 대해 지루하고 재미없다고 느낄 것입니다.

현실도 이와 별반 다르지 않아서, 긍정적인 정서에는 나를 연합하고 부정적인 정서로부터는 나를 분리하는 마음의 지혜가 필요하다고 하겠습니다. 슬픔은 멀어지고 기쁨은 더욱 가까이 느껴질 것입니다.

| 마음의 의도적인 변화와 NLP

우리는 살아가면서 크고 작은 마음의 상처를 입습니다. 그런데 그 상처를 의식하고 치유하기 위해 노력하는 사람이 있는가 하면, 자기의 상처가 왜 '상처'가 되는지 잘 모르거나 인식하지 못한 채 고통을 느끼며 사는 사람도 있습니다. 이는 상처의 크기가 작아서일 수도 있겠지만 상처가 무의식적인 차원에서 생기고 유지되기 때문에 그럴 가능성이 높습니다. 마음의 상처가 현실적인 문제와 관련해 직접적인 원인으로 드러나지 않기 때문이지요.

성공을 목표로 하는 차원에서 생각해보자면, 마음의 상처가 있는 사람은 어떤 형태로든 고통을 받으므로 건강하고 생산적인 삶에 방해가 됩니다. 개인적인 생활과 일에서 능률을 올리지 못할 뿐 아니라 원하는 성과를 제대로 내지 못하는 것입니다. 심지어 마음이 편안하지 못하면 살도 찌지 않고 잠도 제대로 이루기 어렵습니다.

나의 불편한 마음은 오직 나만이 알 거라 여기고 마음속에 꼭꼭 숨겨두지만, 마음의 상처는 어떻게든 표정과 행동으로 드러나게 마련입니다.

굳이 우울증이나 불안증 같은 정신적인 문제로 발전하지 않는다고 하더라도 좀 더 행복하고 건강한, 그리고 보다 효율적이며 생산적인 삶에서 멀어지게 되는 것입니다. 그래서 치유의 노력, 혹은 변화가 필요합니다.

마음은 눈에 보이지도 손으로 만질 수도 없습니다. 막연하게 느낄 수 있지만 마음의 범위와 실체를 인식하기는 매우 어렵습니다. 예컨대 나의 마음을 글이나 컴퓨터 데이터로 모두 옮기는 게 과연 가능할까요? 아마도 불가능할 것입니다.

그런 측면에서 마음은 일종의 아날로그 개념으로 받아들일 수 있는데, 약 35년 전에 미국에서 개발되어 세계적으로 보급된 심리전략 프로그램인 신경언어 프로그래밍, 즉 NLP(Neuro-Linguistic Programming)에서는 마음을 디지털적으로 처리하는 원리와 방법을 개발했습니다.

여기서 잠깐 NLP에 대해 설명 드리고 넘어가겠습니다.

NLP는 실용심리학의 한 분야로 마음과 행동의 긍정적인 변화를 이끌어내는, 일종의 자기혁신 프로그램입니다. 우수성의 심리학, 두뇌에 작용하는 소프트웨어, 마음을 움직이는 심리 기술 등으로 일컬어지기도 합니다.

NLP는 1970년대 중반, 미국의 리처드 밴들러Richard Bandler와 존 그린더John Grinder가 처음 체계화한 이래 인간 이해와 자기계발의 일대 전환을 가져왔다는 평을 받으며 전 세계적으로 널리 알려졌습니다. 그들은 특정 분야의 뛰어난 사람들, 즉 성공하는 사람들의 행동, 사고, 학습, 감정 처리와 표현 등이 평범한 사람들과는 어떻게 다른지에 대해 관찰하는 과정에서, 성공인의 탁월성을 모방하는 방법을 통해 새로운 학문적 체계를 만들었습니다. 성공한 모델에게서 발견했던 우수성과 성공 마인드를 일반인들 누구라도 모방하고 따라해 학습할 수 있도록 한 것이지요.

그 결과, 보통 사람들 누구나 탁월성을 발휘하고 바람직한 변화를 달성하게 해주는 NLP가 완성되었습니다. 실제로 NLP는 성공학, 심리치료, 대인관계, 교육, 비즈니스, 스포츠 등 다양한 분야에서 활용되고 있으며 국내에서도 큰 인기를 끌고 있습니다.

이 NLP에서는 인간의 마음을 오감과 같은 요소들을 중심으로 디지털화하여 설명하고 있습니다. 예를 들어 '행복'이란 단어를 생각해보겠습니다. 이 단어를 들으면 행복으로 느꼈을 만한 상황을 다양하게 떠올릴 것입니다.

혹자는 어릴 때 가족들과 소풍 갔던 장면이 떠올라 방긋 미소를 지을 텐데, 이때 그는 어떤 장면을 볼까요?

야외의 나무 그늘에서 시원한 바람을 쐬며 맛있는 음식을 먹는 장면들(시각)이 떠오를 것입니다. 그리고 깔깔대며 웃는 웃음소리, 가족들의 목소리가 들리는 듯한 느낌이 들겠지요.(청각) 엄마 손을 잡거나 품에 안겼던 촉감(신체감각), 함께 맛있게 먹던 음식의 맛(미각)과 냄새(후각)가 느껴질 것입니다.

NLP에서는 이상과 같이 오감의 경험 속으로 몰입하는 것을, 앞에서 설명한 '연합'이라고 합니다. 원래 추상적인 개념에 해당하는 '행복'은 아날로그적인 특성상 우리에게 별다른 감각적 경험으로 인식되지 못하지만, 위와 같이 오감의 차원에서 디지털화하게 되면 아주 구체적인 감각의 형태로 경험할 수 있습니다.

오감의 어느 한 요소를 디지털적으로 변화시키는 것도 가능합니다. 예를 들어, 야외의 장면을 더 밝고 환한 빛깔로 바꾸거나 웃음소리를 더 크게 증폭시켜 상상하면 행복한 마음의 정서는 더 크고 강하게 느껴질 것입니다. 그리고 엄마 품의 포근함을 더욱 강렬하게 생각하고 느끼면 행복한 마음도 덩달아 커질 것입니다. 가족들의 얼굴을 더 크게 확대하여 가까이서 보는 것처럼 느끼고, 바람의 촉감을 더욱 부드럽고 시원하게 느낄 수도 있습니다.

이것이 바로 디지털적으로 처리되는 마음의 변화인데, 과거의 사건이나 경험 자체는 변함이 없지만 마음속에서는 얼마든지 '의도적인 변화'가 가능합니다.

| 앵커링 기법으로 마음 다스리기

이번에는 마음의 의도적인 변화가 어떻게 가능해지는지를 간단한 실험을 통해 알아보겠습니다. 지금부터 소개하는 것은 NLP의 앵커링anchoring 기법인데, 마음을 다스리는 대표적인 방법 중 하나입니다. 이 기법은 초조함이나 불안감 같은 부정적 정서를 느낄 때 손쉽게 긍정적인 정서 상태로 마음을 바꿀 수 있도록 해줍니다.

원래 앵커링이란 배가 정박하기 위하여 닻anchor을 바다 밑으로 내리는 것을 뜻합니다. 닻에 해당하는 영어 단어가 anchor입니다. TV에서 뉴스를 전하는 사람을 앵커라고 부르기도 하는데, 앵커링에서도 '앵커'가 중요합니다.

앵커링은 긍정적 내부 상태에 몰입해 긍정적인 변화를 얻을 목적으로, 특정의 신호를 의도적으로 사용하는 것을 말합니다. 이때 그 신호가 앵커가 되는 것입니다.

요컨대, 앵커링의 핵심은 특정한 신호를 통한 긍정적인 연합에 있습니다. 이렇게 함으로써 자신의 내면에 행복과 성공의 마음 상태를 조성할 수 있으며, 자신감과 강력한 동기를 불러일으켜 행동 변화를 촉진하게 되는 원리입니다.

앵커링에서는 오감의 어떠한 요소도 앵커로 사용할 수 있습니다. 예를 들어 갓난아기의 모습이나 나들이 사진, 기념품 같은 시각적 앵커나, 광고 카피나 시그널 뮤직, 특정인의 목소리 같은 청각적 앵커, 악수나 포옹 같은 신체감각적 앵커를 생각할 수 있습니다.

우리는 일상에서 거의 무의식적으로 앵커를 선택하고 그것을 받아들입니다. 쉬운 예로, 종교적인 상징으로서 십자가나 염주도 일종의 앵커로 볼 수 있습니다. 또한 앵커 중에는 긍정적인 감정을 불러일으키는 게 있는가 하면 중립적, 부정적인 상태를 유발하는 앵커도 있습니다. 좋아하는 음악, 좋아하는 냄새는 긍정적인 앵커지만, 싫어하는 동물, 응급차나 경찰차의 사이렌처럼 사람을 놀라게 하는 소리는 부정적 앵커에 해당합니다.

그러면 앵커링은 실제 생활에 어떻게 활용할 수 있을까요? 여기서는 손가락을 이용해 앵커를 만드는 방법에 대해 설명하겠습니다. 오른쪽 엄지손가락과 집게손가락 두 개를 O자 형태로 가볍게 맞잡아서 앵커를 만드는데, 아래의 순서를 따르면 됩니다.

첫째, 어떤 상태를 앵커로 할 것인지를 정합니다.

내게 가장 필요한 정서가 무엇인지를 생각합니다. 자신감, 용기, 동기부여, 성취감, 행복감 등 어떤 정서 상태를 앵커로 만들 것인지를 정하는 것입니다.

둘째, 어떤 신호를 사용할 것인지를 결정합니다.

앵커로 사용되는 신호나 자극의 예는 다양합니다만, 엄지와 집게

손가락을 O자 형태로 맞잡는 것도 가능합니다.(다른 손가락이나 세 손가락도 가능) 이것은 마인드컨트롤 기법에서 세 개의 손가락을 맞잡아 긍정의 마음 상태를 유도하는 삼지법三指法과 유사합니다.

아래 그림처럼 손가락을 O자 형으로 맞잡음으로써 행복감 같은 긍정적인 정서 상태로 들어갈 수 있습니다.

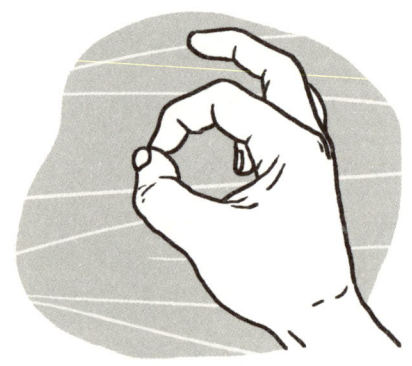

손가락으로 앵커 만들기. 엄지와 집게손가락을 O자 형태로 맞잡는다.

셋째, 과거의 경험에 연합합니다.

현재 내게 필요한 정서와 관련해 과거의 성공했던 경험, 행복했던 순간을 떠올립니다. 시험에 합격했거나 승진했을 때, 또는 추구하던 목표를 달성해 기분 좋고 행복했던 일 등이 가능할 것입니다.

이때 생각을 집중하되 몸과 마음을 이완하는 게 중요합니다. 눈을 감은 상태에서 심호흡을 두어 차례 합니다.

다음으로 그때의 장면을 구체적인 영상으로 그리면서 연합합니다. 어떤 상황에서 누구와 함께했는지, 어떤 음성이나 소리가 들렸는지, 자신의 기분은 어떠했는지를 떠올리는 것입니다. 그 기분 속으로 몰입해 들어갑니다.

넷째, 연합의 절정의 순간에 손가락을 맞잡습니다.

손가락을 맞잡아 앵커를 '발사'하는 단계입니다. 이렇게 앵커를 발사한 상태에서 심호흡을 하면서 시각적인 모습이나 청각적 소리, 신체감각적 느낌에 더욱 깊이 몰입합니다. 그 당시에 얼마나 기분이 좋았고 자신감이 넘쳤는지, 또는 성취감으로 행복했는지를 다시 경험하는 것입니다.

다섯째, 연합을 충분히 한 다음 손가락을 떼면서 앵커링 상태를 해제합니다.

자연스럽게 연합 상태에서 벗어납니다. 그리고 잠시 후 눈을 뜨고 의식 상태로 되돌아옵니다. 필요하다면 1~2분의 시간이 경과한 후 위 과정을 똑같은 요령으로 다시 한 번 반복합니다.

앵커링은 내가 원하고 필요할 때 언제, 어디서든 활용할 수 있습니다. 행복감이나 자신감이 필요한 상황에서 손가락을 맞잡아 내게 필요한 정서 상태로 바로 들어갈 수 있는 것입니다. 실제 상황에서 앵커링을 어떻게 활용할 수 있는지, 예를 하나 들어보겠습니다.

김영선 씨는 명문 음대를 졸업하고 해외 유학까지 다녀온 바이올리니스트로서 장래가 촉망되는 젊은 음악인입니다. 그는 어릴 때부터 연주자로 대성할 것이라는 주변의 기대를 한 몸에 받으며 자랐으며, 실제로 세계적인 콩쿠르에서 최고상을 받는 등 화려한 경력을 가진 연주자가 되었습니다. 현재도 활발한 연주활동을 하고 있습니다.

하지만 그에게는 언제부터인가 남다른 고민이 생겼습니다.

어느 대도시에서 콘서트를 펼칠 계획이었는데 왠지 모르게 너무 불안한 것이었습니다. 연주 실력이야 자타가 공인하고 있지만, 근래에 와서 무대 위에 서는 게 부담스럽고 또 잘해야 한다는 강박관념 때문에 공연이 두렵기까지 했습니다.

사실, 그에게는 이번에 콘서트를 개최할 도시에 대한 부정적인 기억이 있습니다. 무명 시절에 이 도시에서 오케스트라 단원으로 공연을 한 적이 있었는데, 자신의 사소한 실수로 공연이 혹평을 받았고 지휘자로부터도 심한 질책을 받아 연주 생활을 중단할 뻔한 적이 있었던 것입니다. 세월이 흘러 이 일은 과거에 묻혀 의식적인 차원에서는 거의 기억되지 않았지만, 도시의 이름과 함께 무의식 속에 자리 잡고 있었습니다.

다행히 그는 NLP 세미나에서 앵커링 기법을 배울 수 있었습니다.

자신의 가장 자랑스러웠던 경험, 즉 해외 콩쿠르에서 최고상을 받았던 장면을 떠올리며 앵커링 기법을 반복한 결과 이제는 손가락으로 O자를 그리면 곧바로 마음의 평정을 찾게 된 것입니다. 과거의 실패 경험에서 자신을 '분리'하고 긍정적인 경험에 '연합'함으로써 자신감을 회복할 수 있게 된 것이지요. 이렇게 해서 그는 콘서트를 아주 성공적으로 마칠 수 있었습니다.

성공의 당위성과 타당성에 답하라
- SMART 원리

성공을 위해서는 목표가 구체적이고 성취 가능한 것이어야 합니다. 자신의 목표를 추구하기 위해 실천하고 끊임없이 노력하는 자세 또한 성공의 요건이라 할 수 있습니다만, 목표가 없다면 실천이나 노력은 아무 의미가 없을 것입니다. 행여 뚜렷한 목표 없이 무조건 열심히만 한다면 삶 자체가 무의미한 노력에 불과할 수도 있습니다.

그런 뜻에서, 여기서는 목표 설정과 성취 과정에 대해 살펴보겠습니다. 목표 설정과 관련해 SMART라고 하는 유명한 원리가 있는데, 다섯 가지 영어 단어의 머리글자를 딴 말입니다. 하나하나 알아보겠습니다.

첫째, S는 구체성specific**을 말합니다.**

목표는 구체적이고 상세하게 표현되어야 합니다. 그리고 긍정문으로 진술되는 게 바람직합니다. 왜냐하면 우리의 잠재의식은 단순 명쾌한 것을 선호하는 경향이 있기 때문입니다. 예를 들어 '나는 가난에서 벗어나고 싶다'는 목표는 가난을 전제로 한 부정적인 내용을 담고 있다는 측면에서 부정문으로 볼 수 있으며, '나는 부자가 되고 싶다'는 목표는 긍정문이지만 구체적이지 못합니다.

'가난에서 벗어나 부자가 되고 싶다'는 목표를 구체성의 차원과 긍정문으로 다시 표현하자면 '나는 지금보다 수입을 배로 늘리겠다'고 하는 게 낫습니다.

'나는 살을 빼고 싶다'고 하는 것도 같은 맥락에서 부정문이요, '나는 날씬해지고 싶다'는 것 또한 추상적입니다. 그보다는 '나는 50kg 이하의 날씬한 몸무게를 유지하겠다'고 하는 게 훨씬 긍정적이며 구체적인 목표가 됩니다.

둘째, M은 측정 가능성measurable**을 말합니다.**

이것은 앞의 구체성을 보완하는 개념이기도 한데, 가능하면 목표를 수치화하라는 것입니다. 다시 말해, 좋은 목표가 되기 위해서는 그냥 부자가 되고 싶다고 하기보다는 현재 수입보다 얼마만큼 더 벌고 싶은지, 현재 살고 있는 아파트보다 몇 평 더 넓은 아파트로 이

사하고 싶은지, 몇 킬로그램 더 날씬해지고 싶은지가 객관적이고 구체적인 수치로 표현되어야 합니다. 이처럼 측정 가능한 수치는 결과적으로 보다 선명한 목표상을 마음속에 심어주는 데 크게 기여합니다.

셋째, A는 성취 가능성achievable**을 말합니다.**

목표가 제대로 달성되기 위해서는 자신이 추구하고자 하는 목표가 구체적이면서, 동시에 현실적으로 실현 가능한 것인지를 체크해야 합니다. 예를 들어, 하루아침에 재벌이 되겠다고 하는 목표는 현실성이 부족합니다. 몸무게가 80kg인 사람이 갑자기 반으로 감량하겠다는 것도 뜬금없기는 마찬가지입니다. 목표 달성과 변화에는 어느 정도의 노력과 시간이 소요될 것이므로 현실적인 여건들을 고려하는 합리적 마인드가 필요합니다.

넷째, R은 타당성reasonable **또는 책임성**responsible**을 말합니다.**

성취 가능성과도 유사한데, 목표 달성과 변화에 있어서 책임감을 가지고 주도적으로 임할 수 있는지, 나의 목표가 논리적으로 타당한지에 대해 답할 수 있어야 합니다. 이 항목은 타인에게 의존하지 않고 자신의 책임 아래 현실을 타개해 나갈 수 있는 주체성과도 관련됩니다.

다섯째, T는 시한성timed**으로 목표 달성의 기한을 말합니다.**

즉, 목표를 언제까지 달성하겠다고 하는 기한을 설정하는 것입니다. 목표가 구체적이고 측정 가능하고 타당성이 있더라도, 막연하게 목표를 달성하겠다고 하는 것만으로는 힘이 약합니다. 그보다는 언제까지 목표를 반드시 달성하겠다는 식으로 시한을 설정해야만 무의식에게도 강력한 암시를 줄 수 있습니다.

SMART 원리는 우리에게 선명하고 확실한 목표를 심어줍니다. 그 자체로 강력한 동기부여가 될 뿐만 아니라, 무의식으로 하여금 목표를 향해 치닫도록 하는 힘을 갖고 있습니다. 이러한 목표 달성의 원리가 제대로 작동될 수 있다면 성공의 길은 훨씬 가까워질 것입니다.

성공을 위해서는 단순히 바라는 마음에 그쳐서는 안 됩니다. 구체적인 기한 아래 자신의 목표를 구체적이고도 선명하게 설정하고 마음으로 그릴 수 있어야 합니다.

참고로, SMART 원리에 합당하게 설정된 목표 설정 예는 아래와 같습니다.

- 나는 내년 연말까지 3천만 원을 모으겠다.
- 나는 앞으로 5년 이내에 지금보다 1.5배 더 넓은 아파트로 이사 가겠다.
- 나는 올해 안에 결혼 배우자를 구하기 위해 매달 한 번 이상 소개팅을 하겠다.
- 나는 3년 내에 부장, 5년 내에 이사로 승진하겠다.

| 모든 행복과 불행의 원인, 행동과 습관

구체적인 목표를 정했으면 다음은 실천 계획을 수립해 행동으로 옮길 차례입니다. 내 생활의 본격적인 변화도 이제부터입니다.

하지만, 생활이라고 하는 게 쉽게 변할 리가 없습니다. 수년간의 행동 패턴과 습관이 쌓이고 쌓인 게 생활이기 때문입니다. 따라서 변화를 위해서는 행동과 습관을 의도적이고 적극적으로 바꾸려는 노력이 필요합니다.

성공적인 인생은 작은 습관 하나에서 비롯되기도 합니다. 소설가 생텍쥐페리가 '하나의 새로운 습관이 우리가 깨닫지 못한 내 안의 낯선 모습을 일깨울 수 있다'라고 말했듯이 자기를 변화시키기 위해서는 작은 습관부터 바꿔나가야 합니다.

철학자 칸트는 늘 같은 시간에 산책을 해 그가 지나가면 사람들이 시계를 맞출 정도였다고 합니다. 그만큼 그는 규칙적으로 생활했습니다. 독립운동가 도산 안창호는 약속을 잘 지키는 것으로 유명했고, 프랑스 황제 나폴레옹은 전쟁 중에도 독서하는 습관을 버리지 않았습니다. 프로이센의 국왕 프리드리히 또한 치열한 전투를 앞둔 전날 밤까지 독서를 즐겼을 정도로 책을 좋아했다고 합니다. 이처럼 성공한 사람들은 남보다 더 노력하고 더 인내하고 효과적으로 준비하는 '사소한' 습관을 하나씩은 갖고 있습니다.

작은 습관 하나가 건강에 큰 영향을 미치기도 합니다. 좋지 않은 자세로 오래 있거나 불규칙하게 식사하는 등 나쁜 생활습관이 있는 경우에는 여러 질병이 복합적으로 생겨 평생 고생할 수 있습니다. 다리를 꼬고 앉는 습관이 오래되거나 한쪽 다리에만 힘을 주고 서 있게 되면 골반이 틀어져 내장 위치가 변할 수 있기 때문에 소화가 잘 안 되거나 척추가 틀어지기도 합니다.

그런 이유로 2003년, 대한내과학회는 '성인병'을 '생활습관병'으로 개칭했습니다. 식생활의 서구화, 운동 부족, 흡연, 과음 등 평소의 좋지 않은 생활습관 요인들이 복합적으로 작용해 발병한다는 게 개칭의 이유였습니다.

일상생활에서 경험하는 부정적인 행동과 습관은 흡연, 음주, 섭식 장애, 강박증, 각종 중독 등 참으로 다양한 문제를 일으킵니다. 섭식 장애로는 과식, 폭식, 거식이 있고 또한 중독의 문제로는 술, 마약, 인터넷, 게임, 도박 등이 있습니다. 그 밖에 공부나 회사업무, 자기 계발에 있어서도 지금까지 무심코 해오던 습관의 영향을 무시할 수 없습니다.

이들 모든 행동은 교정이 필요하지만 잠재의식적 차원에서 이루어지는 것이므로 의식적인 노력만으로는 한계가 있습니다. 그렇다면 도대체 어떻게 하면 문제 행동과 습관을 바꾸거나 없앨 수 있을까요?

여기에는 변화에의 의지가 첫 번째 답이고, 두 번째는 노력, 그 다음으로는 '습관이 형성된 방식' 그대로 새로운 습관을 만드는 게 해법이 될 수 있습니다.

행동과 습관의 문제를 해결하는 기본 원리로는 다음 세 가지를 들 수 있습니다.

첫째, 지금 당장 실천해야 합니다.

세상에는 말하고 생각하고 꿈꾸는 사람은 많아도, 그 모두를 행동으로 옮겨 실천하는 사람은 극히 드뭅니다. 어떻게 보면 이 때문에 극소수만이 성공의 기쁨을 맛보는지도 모르겠습니다. 목표를 세우고 결심이 섰다면 지금 당장 실천해야 합니다. 꿈만 꾸고 생각에만 그친다면 변화는 결코 찾아오지 않습니다. 또한 실천이 지속될 수 있도록 습관으로 굳혀야 합니다. 실천하는 사람을 성공으로 이끌고, 꿈만 꾸는 사람을 실패로 몰아넣는 힘은 바로 습관입니다.

둘째, 신중하게 새로운 습관을 찾아야 합니다.

습관은 버려지는 게 아니라 새로운 것으로 바뀌고 교체되는 것입니다. 만약 담배를 피우던 사람이 금연에 성공했다고 하더라도 담배 대신에 술독에 빠지거나 식탐이 생긴다면 또 다른 문제가 생길 수 있습니다. 이처럼 기존의 습관을 중단하면 '습관의 진공 상태'가 발생해 새로운 다른 습관으로 채워지게 마련인데, 이때 나쁜 습관이 들어서지 않도록 신중하게 새로운 습관을 찾아야 합니다.

셋째, 꾸준히 반복해야 합니다.

새로운 습관이 몸에 배고 익숙해지려면 꾸준히 반복하는 수밖에 없습니다. 목표의 당위성과 타당성에 대한 인식이 다소 도움이 될지언정, 결국 노력 여하에 따라 성패가 갈립니다. 그렇게 해서 새로운 변화가 습관으로 정착하게 되면, 예전의 힘들었던 노력조차 편안해지는 경험을 하는 단계에 이르게 됩니다. 온전하게 새로운 습관이 된 것이지요.

아무리 잘나가는 운동선수라 할지라도 꾸준히 연습하지 않고는 어떤 새로운 기록도 낼 수 없습니다. 자신이 속한 분야에서 최고가 된 사람들의 이면에는 오랜 세월, 각고의 노력이 있었음을 알아야 합니다. 그 같은 시간, 노력을 건너뛰고 성공할 수 있는 비결은 세상에 없습니다.

| 목표 달성을 앞당기는 이미지 트레이닝

목표의 실천 단계에서 성공 장면을 자주 떠올리면 성공이 앞당겨지는 효과가 있는데, 그 전에 현재 당신의 상황을 되돌아볼 필요가 있습니다.

나의 현재 상황은 어떠하기에 그 같은 목표를 정했는지에 대해 스스로 답하는 것입니다. 아마도 현재 상황은 부정적이고 불만스런 내용이 적지 않을 것입니다. 그렇지 않다면 우리는 새로운 목표를 설정하지 않았을 테니까요. 현재 어떤 면이 불만스러우며, 또 부정적인 상황이 당신을 얼마나 힘들게 하는지 생각해봅니다. 종이에 직접 적으면 더욱 효과적입니다.

　현재 상황에 대한 파악이 끝났다면, 이제는 목표를 달성한 후의 장면을 떠올릴 차례입니다.(마찬가지로 종이에 적어도 좋습니다.) 즉, 목표한 시점에 나의 목표가 달성되었다고 가정할 때 어떤 새로운 일들이 벌어질까요? 또 목표를 달성했다는 사실을 나는 어떻게 알 수 있을까요? 그때 당신의 표정은 어떠할 것이며, 예전과는 달리 어떻게 말하고 행동할까요? 미래의 변화된 상황을 오감적 차원에서 생생하게 묘사해봅니다.

　목표 설정 단계에서 그렸던 구체적인 이미지들을 무의식에 심으면 그만큼 성공 가능성이 높아지고 성공 시기도 앞당겨집니다. 우리의 생각이 자석이 되어 성공을 끌어당기는 것이지요.

　이 같은 이미지 트레이닝은 명상을 통하는 게 좋은데, 기본적으로 명상을 위해서는 호흡을 잘해야 합니다. 방법을 아주 간략하게 설명하자면, 먼저 흔히 말하는 단전호흡이나 복식호흡, 심호흡을 하면서 몸과 마음을 깊이 이완시킵니다. 그렇게 어느 정도 이완이 이루어지면 목표를 달성해 성공한 장면을 마음속에 구체적으로 그립니다. 그 장면 속에 한참 머무르면서 마치 꿈을 꾸듯이 나의 성공을 상상하고 즐기는 것입니다.

시간이 허락하는 한 이 같은 과정을 자주 반복하게 되면 성공에 아주 큰 도움이 됩니다. 아침에 기상하여 하루를 시작하기 전이나 잠자리에 들기 전에, 또는 하루의 어느 때든 시간 여유가 있을 때 단 5분만이라도 시간을 내어 명상을 해보기 바랍니다.

명상을 통한 이미지 트레이닝은 잠재의식에 나의 성공을 아로새긴다는 의미 외에도, 마음을 안정시켜 일의 능률을 올리고 자신감을 갖게 하는 장점이 있습니다.

PART 3

You Can Make a Success

잠재의식은
답을 알고 있다

최고의 삶을 바란다면 최고의 삶을 얻을 것이다.

– 서머셋 모옴 –

01

언어와 자기암시의 힘에 관하여

나침반은 항상 북쪽을 가리킵니다. 그래서 탐험가가 길을 찾을 때도, 등산가가 길을 잃었을 때도 나침반을 활용하면 안전하게 목적지에 도달할 수 있습니다. 나침반이 항상 북쪽을 향하듯이 우리도 자신이 원하는 방향에 집중할 필요가 있습니다.

일례로, 현재 어떤 문제로 고통을 받고 있거나 하면 목표에 주의를 집중해 나아가기가 어려운데, 이처럼 상황이 부정적일 때에는 전혀 다른 것에 관심을 쏟으면 심적 고통에서 쉽게 벗어날 수 있습니다. 다음 주에 있을 자격시험을 생각하기보다는 시험을 마친 후에 어디로 여행을 갈지에 대해, 지난번 업무평가에서 좋은 평가를 받았던 일에 대해, 또는 스포츠게임에서 내가 응원한 팀이 이겨서 기뻤던 일에 대해 생각하고 그것에 집중하게 되면 불안은 웬만큼 가실 것입니다. part 1에서도 설명했지만, 우리가 불안이나 두려움을 느끼는 것은 자신이 원하는 쪽이 아닌 '원하지 않는' 쪽에 집중하고 있기 때문입니다. 미국 NLP 트레이너 과정에서 제 스승이기도 했던 태드 제임스Tad James 박사는 다음과 같이 말했습니다.

'불안은 자신이 원하는 쪽에만 집중하고 그곳에 관심의 초점을 두라는 무의식이 보내는 신호다.'

따라서 내가 흔들리거나 삶이 힘들게 느껴질 때는 자신이 '원하는 방향 또는 원하는 것'에 관심의 초점을 돌리고 그것에 집중해 위기에서 벗어나기 바랍니다. 그런데 어떻게 하면 내가 원하는 방향으로 관심을 집중할 수 있을까요? 답은 바로 언어와 잠재의식에 있습니다. 먼저, 언어의 힘을 이용해 효과를 얻으려면 어떻게 말하는 게 좋을지, 세계 최고의 최면가이자 에릭슨 최면법의 개발자인 밀턴 에릭슨Milton Erickson 박사의 일화를 통해 살펴보겠습니다.

♠ ♠ ♠

어느 날 에릭슨의 어린 아들 로버트가 집 계단에서 넘어져 입이 찢어지는 상처를 입었습니다. 아이는 아픔과 두려움에 큰 소리로 울음을 터뜨렸고, 부모가 달려갔을 때에는 피를 흘리고 있었습니다. 에릭슨이 아들에게 황급히 말했습니다.

"애야, 너 다쳤구나. 어디 보자. 많이 아프지? 암, 많이 아프고말고. 그런데, 아픔은 **언제쯤 그칠까?**"

아빠의 이 말이 아들의 주의를 끌었습니다. 사실 아이는 처음엔 상처에만 온갖 주의를 기울여 아파하고 있었는데, 이제는 통증이 언제 그칠지에 대해서도 주의가 옮겨가기 시작한 것입니다. 그 사이 부모는 아이를 욕실로 데려가 입을 씻어주면서 병원에 가야 할 만큼 상처가 심한지 살펴보았습니다. 뜻밖에도 상처가 심했고 입에서는 피가 계속 흘러내렸습니다. 그러자 에릭슨 부인이 말했습니다.

"당신, 이 **피의 색깔** 좀 봐. 너무 **깨끗하고 건강해** 보이지 않아? 피가 이렇게 **맑고 깨끗하니까** 상처가 아주 잘 아물겠어."

이 말에 로버트도 자신의 피를 보았습니다. 통증과 두려움을 느낄 겨를도 없이 자신의 '깨끗하고 건강한 피'를 쳐다보느라 상처는 안중에도 없었습니다.

상처는 의외로 심해서 에릭슨은 아들에게 병원에 가서 바늘로 꿰매야 한다는 사실을 알려주었고, 동생도 작년에 다쳐서 병원에서 꿰맨 적이 있었다고 말했습니다. 그러면서 이렇게 덧붙였습니다.

"꿰매기 시합에서 **누가 이길지** 한번 볼까? 꿰매기를 누가 더 잘 견디는지 보잔 말이야. 아마도 그 녀석은 여섯 바늘을 꿰맸지? 그렇다면

로버트, 네가 최소한 일곱 바늘 이상을 꿰매고도 잘 **참는다면 네가**
이기는 거야."

이렇게 해서 로버트는 큰 말썽 없이 병원까지 갈 수 있었습니다. 병
원 응급실에서 상처를 소독하고 바늘로 꿰매는 동안, 생각보다 잘 참
고 견디는 로버트의 모습은 당직의사마저도 놀랄 정도였습니다.

에릭슨 박사는 적절한 질문을 통해 아들이 고통이나 문제 상황이
아닌 긍정적인 방향으로 관심을 집중할 수 있도록 도움을 주었습니
다. 그리고 아들 또한 아빠의 질문에 대답하는 가운데 고통에서 벗
어날 수 있었습니다. 관심을 돌리자 고통마저 사라지게 된 것입니
다. 이것이 질문의 힘이고 언어의 효과입니다.

언어의 효과에 대해 이야기할 때 자기암시의 힘에 대해 언급하지
않을 수 없습니다. 자기암시란 말 그대로 자신이 원하는 방향으로
집중해 나아갈 수 있도록 스스로에게 거는 암시입니다. 자기암시를
반복하면 할수록 암시의 말은 더욱 깊숙이 무의식 안에 자리를 잡
습니다. 이 상태에서 행동에 직간접적인 영향을 미치므로 매우 효
과적입니다.

| 원하는 마음을 스스로 창조한다

사람은 잠을 자면서 누구나 꿈을 꿉니다. 꿈이란 결코 현실이 아닙니다. 말하자면, 꿈은 가상현실입니다. 마치 실제나 현실같이 경험은 되지만 가상적인 체험이라는 뜻입니다.

그런데, 인간의 잠재의식은 현실과 가상의 세계를 잘 구별하지 못합니다. 그렇기 때문에 영화를 보면서 울고 웃을 수 있으며 또 공포를 경험하기도 합니다. 영화는 가상현실을 부여주는 대표적인 수단이라고 할 수 있습니다. 마찬가지로, 컴퓨터나 전자도구를 이용한 게임이나 오락 같은 것도 가상현실의 한 예에 속합니다. 이렇게 보자면, 영화나 게임은 인간의 마음 특성을 활용해 만들어졌다고도 할 수 있습니다.

이처럼 현실이 아닌 가상현실을 마치 현실과 같이 경험할 수도 있는 게 인간의 마음입니다. 그러므로 진짜로 중요한 것은 우리가 경험하는 것이 실제의 현실이냐 아니면 가상현실이냐가 아니라, 우리의 마음이 그것을 어떻게 받아들이는가 여부입니다.

즉, 꿈에서도 그러하지만 가상현실의 장면 속에서도 마음은 마치 현실처럼 인식하고 반응하기 때문에 우리는 현실과 똑같은 경험을 하게 됩니다. 현실이라고 굳게 믿는 한 그것은 현실이 됩니다. 이것은 결코 마법이 아닙니다.

잠시 레몬을 떠올려보기 바랍니다. 레몬의 색깔, 모양, 크기, 맛을 생각하면서 레몬을 손으로 잡는 상상을 하면 대부분의 사람들은 입 안에 침이 고이는 현상을 경험할 것입니다. 심지어는, 특정 손가락의 길이가 늘어나거나 줄어든다고 상상하면 정말로 그 손가락에서 변화가 일어나기도 합니다.

저는 마음의 힘이나 최면과 관련한 강의를 할 때마다 손가락 실험을 하곤 합니다. 오른쪽 가운뎃손가락의 길이가 길어진다고 생생한 이미지를 떠올리며 상상하면 실제로 오른쪽 손가락이 왼쪽 손가락보다 길어지는 현상을 쉽게 관찰할 수 있습니다.

레몬을 생각하는 것만으로 입안에 침이 고이고 또 손가락이 늘어나는 것은 바로 상상력의 효과입니다. 어째서 이런 현상이 가능할까요?

마음으로 생생하게 상상할 때 우리의 뇌는 상상 속의 그 일이 마치 실제로 일어나고 있는 것처럼 인식하고 그 즉시 우리 몸에 반응을 일으키도록 명령합니다. 그래서 맛있는 음식에 대한 상상이 침샘을 자극하는 생리적 반응으로 연결되는 것입니다. 여기에 우리의 의지는 아무런 상관이 없습니다.

| 자기최면과 끌어당김의 법칙

이 같은 상상의 효과는 실제 현실 속에서도 다양하게 활용할 수 있습니다. 지금 만약 기분이 우울하다면 과거 경험 중 기분 좋고 신났던 일들을 의식적으로 떠올려보기 바랍니다.

이때 중요한 것은 마음의 집중입니다. 마음이 모아진 상태에서 과거 일이나 경험을 시각적으로 떠올리고, 그 순간의 일을 생생하게 생각합니다. 영화를 볼 때처럼 자신의 옛 감정에 몰입해 그 기분을 느낍니다. 그때 그 순간 어떤 소리가 들렸는지, 내 느낌이나 기분은 어떠했는지 과거의 시공간 속으로 들어가는 것입니다. 이렇게 하면 정말로 기분이 좋아지고 행복해지는 경험을 할 수 있습니다.

이것은 곧 자기최면의 원리라고 할 수도 있는데, 이 방법을 제대로 활용하면 내가 필요로 하는 마음을 스스로 창조할 수 있고, 나아가 자신이 바라는 미래 또한 의도적으로 만들 수 있습니다. 이는 근래에 널리 알려진 '끌어당김의 법칙law of attraction'과도 밀접한 관계가 있습니다. 끌어당김의 법칙이란 마음속으로 원하는 이미지를 떠올리고 그것에 몰입하면 내가 바라는 그것이 결국 내게로 끌려온다는 논리인데, 이는 자기최면을 완벽하게 설명해주는 이론이기도 합니다.

만약 내일 사업상의 중요한 미팅이 있다면 성공적으로 미팅을 끝내는 장면을 상상해보기 바랍니다. 그때 당신은 어떤 표정을 지으며 파트너나 고객에게 무슨 말을 하고 있을까요? 또 어떤 자세로, 어떤 행동을 취하고 있을까요? 파트너나 고객은 당신에게 어떤 말을 하며 어떤 표정으로 당신을 바라볼까요? 이처럼 미팅을 성공적으로 끝내 기뻐하고 만족해하는 당신의 모습을 미리 상상해보는 것만으로도 성공 가능성은 높아집니다. 당신의 상상, 즉 가상현실을 무의식이 진짜 현실로 만들어주는 것입니다.

군이 최면의 효과를 떠올리지 않더라도, 이 정도로 내가 원하는 모습을 생생하게 그려본다면 다음날 미팅에 대해 자신감과 용기가 생기는 것은 당연합니다. 그 반대의 경우, 즉 온종일 미팅이 실패로 끝나는 상상을 하는 것과 비교해본다면 그 차이와 효과는 더욱 확연하게 느껴질 것입니다.

| 자기암시 문장을 만드는 요령

축구선수 박지성의 사례는 자기암시의 효과를 잘 보여줍니다. 스포츠스타 28인의 성공 비결을 분석한 《이 경기장에선 내가 최고다》에서 지은이 이상주는 박지성의 성공 요인으로 자기암시를 들고 있는데, 간략하게 요약하자면 이렇습니다.

♠ ♠ ♠

그는 대한민국 최고의 스포츠 스타지만 처음부터 그가 세계적인 선수로 성장할 것이라 예상한 사람은 거의 없었다. 그는 성공을 위한 첫 번째 조건인 '성실성'을 갖추고 있었다. 하지만 세계 최고 무대로 꼽히는 프리미어 리그를 종횡무진 누비는 힘은 성실함만으로 얻어지는 것이 아니었다.

박지성의 특별한 성공 비결은 강력한 자기암시였다. 인생의 중요한 고비마다 '이 경기장에선 내가 최고'라는 자기암시로 정면 돌파했다. 또한 자신감을 가지기 위해 '어떤 스타 선수보다 내가 뛰어나다'고 스스로 암시를 건다고 한다.

우리는 일상에서 크고 작은 자기암시를 사용합니다.

사소하게는 '이렇게 되었으면 좋겠다'는 막연한 바람에서부터 구체적으로 '~를 반드시 이루겠다'는 다짐에 이르기까지 자신도 모르게 늘 자기암시를 하고 있습니다. 이러한 자기암시는 결국 자신이 원하는 방향으로 집중할 수 있도록 도움을 주기 때문에 문제 해결이나 변화를 위해 적극적으로 활용하는 게 좋습니다.

자기암시를 하는 요령은 간단합니다. 먼저, 자신의 문제 해결에 도움이 될 만한 문장, 명언 등을 정합니다. 이때, 문장은 너무 길지 않은 게 좋고 '1인칭, 긍정문, 현재형'으로 만드는 게 효과적입니다. 예를 들어 '나는 유쾌하고 행복한 사람이다' 혹은 '대한민국에서는 내가 최고의 요리사다' 등이 가능합니다.

이제, 앞에서 정한 암시 문장을 수시로 소리 내어 말하면 됩니다. 자신의 목소리를 직접 들으면서 말하는 게 좋은데, 만약 그게 어렵다면 마음속으로 말하되 목소리를 직접 듣는다고 상상하고 느끼도록 합니다. 사람이 많은 곳이라면 작은 소리로 중얼거려도 괜찮습니다.

문제 상황에 처할 때마다, 혹은 매일 아침이나 잠자기 직전에 이 문장을 되풀이해 말합니다. 그리고 믿습니다.

02

잠재의식을 알면 성공이 보인다

지금까지 이 책을 읽으면서 여러분은 글자들을 하나하나 의식하면서 읽지는 않았을 것입니다. 적어도 지금 이 내용을 읽기 전까지는 그러한 것에 대해 의식조차도 하지 않았을 것입니다. 이것은 마치 우리가 길을 걸을 때 어느 쪽 발과 어느 쪽 손이 먼저 앞으로 나가는지, 또는 손과 발이 어떤 순서로 움직이는지에 대해 전혀 의식하지 않는 것과 같습니다. 호흡에 대한 의식을 전혀 하지 않는 가운데 숨을 쉬는 것도 마찬가지지요. 이 모두가 바로 잠재의식 혹은 무의식의 역할입니다.

잠재의식이란 특정 순간에 의식하지 못하거나 의식의 표면에 떠오르지 않는 숨겨진 의식이라고 할 수 있습니다. 이것은 의식에 대응하는 개념으로서 흔히 무의식이라고도 불립니다. 이 글을 읽으면서 마음속으로 떠오르는 무언가가 있다면 그것은 의식 혹은 표면의식에 해당합니다. 정리하자면, 의식을 제외한 나머지 모든 게 잠재의식에 속합니다.

의식과 잠재의식의 관계를 비교할 때 의식의 크기가 너무 작아 흔히 '빙산의 일각'이라는 표현을 사용합니다. 물속에 잠긴 빙산의 90%에 해당하는 부분이 잠재의식의 영역이라는 것이지요. 잠재의식은 잠시 집중하고 노력하면 의식화될 수 있는 부분도 있고, 웬만한 노력으로는 의식화될 수 없는 부분도 있습니다.

의식

잠재의식

잠재의식은 일상의 '가치판단'과도 관계가 있습니다.

가치에 대한 판단은 잠재의식 차원에서 다루어지는 경우가 많기 때문에 보통은 의식하지 않은 채로 살아가지만, 삶은 우리가 무의식적으로 가치를 부여하는 것을 인지하고 그쪽 방향을 향해 자동적으로 움직이게 됩니다.

개념이 다소 어려우므로 쉬운 예를 들겠습니다. 동일한 조건에서 어떤 사람은 책을 사는 데 돈을 쓰지만 어떤 사람은 술을 마시거나 유흥의 목적으로 돈을 씁니다. 책을 사더라도 어떤 책을 주로 사느냐는 역시 각자의 가치관에 따라 달라집니다. 이 같은 판단을 내릴 때 겉으로는 의식적인 결정처럼 보여도 실제로는 잠재의식의 영향을 더욱 크게 받습니다.

나아가 이 문제는, 성공을 이야기할 때도 똑같은 원리가 적용됩니다. 프롤로그에서 살폈듯이 성공을 '가치 있는 이상을 실현하는 것'이라고 할 때, 어떤 것을 가치 있는 것으로 생각하느냐에 따라서 성공의 모습은 크게 달라집니다. 쉽게 말해, 어떤 사람이 돈을 많이 벌어 부자가 되는 걸 자신의 가장 가치 있는 이상이라고 여긴다면, 그는 무의식적으로 돈 버는 일에 혈안이 되어 있을 것입니다. 이 때문에 잠재의식 차원에서 가치의 우선순위를 살피고 우선할 가치를 주입하는 일은 꼭 필요합니다.

| 의식과 무의식은 어떻게 다를까?

우리 마음에는 의식과 무의식(잠재의식)이라는 자원이 있습니다. 마음은 흔히 정신적인 능력을 수행하는 뇌의 기능을 일컫지만, 사실 마음의 자원은 어떤 것도 할 수 있는 무한한 능력을 갖고 있습니다. 세상의 모든 위대한 발견과 발명, 창조도 따지고 보면 의식과 잠재의식이라는 마음의 자원에서 나왔습니다. 그런데, 마음의 기능 측면에서는 의식이 중요한 역할을 하지만 삶의 핵심적인 학습·행동·변화는 모두 잠재의식에 달렸습니다.

의식은 마음의 세계에서도 아주 작은 부분, 즉 정신세계에서 약 10% 정도만 차지합니다. 또한 용량에도 한계가 있습니다. 예를 들어 사람의 순간 기억 용량은 7±2 정도라고 할 수 있습니다. 다시 말해, 우리가 순간적으로 기억할 수 있는 의식적 기억 항목은 5개에서 9개에 그친다는 말입니다. 일반적으로 유선 전화번호가 7~8개 숫자로 이루어진 것도 의식의 기억 용량을 생각해보면 참 다행인 측면이 있습니다.

그런 한편으로, 의식은 논리적이며 분석적입니다. 도덕적이고 이성적이며 또 합리적입니다. 그렇기에 이러한 성격에 어긋나는 상황에서는 '의식적으로' 행동하는 게 쉽지 않습니다.

게다가, 인간의 성격이나 행동에 깊숙이 영향을 미치는 것은 의식이 아니라 무의식입니다. 사람들은 해마다 연초가 되면 새로운 한 해를 맞아 갖가지 결심을 합니다. 금연, 저축, 다이어트 등등의 결심을 세우지만 막상 실제로는 별 효과를 보지 못하는 경우가 많은데, 이는 결심이 의식적인 차원에서 이루어지기 때문입니다. 무의식에 심기지 않은 의식 차원의 결심이나 생각에는 한계가 있습니다. 그렇지 않고 의식의 내용이 무의식에 통합될 때 완전한 내면화가 가능해지고, 성공의 가능성도 높아집니다.

앞에서 가치판단은 잠재의식적인 차원에서 기능한다고 했습니다. 그렇기 때문에 성공을 지향하는 우리의 행동 또한 잠재의식 차원에서 이루어져야 한다는 점을 분명하게 인식해야 합니다.

만약 잠재의식과 관련된 부분을 도외시한 채 의식적 차원에서의 성공만을 생각한다면 그 성공의 동력은 힘이 매우 약할 수밖에 없습니다. 마음의 90%를 차지하는 잠재의식의 도움 없이는 결국 아무것도 이룰 수 없습니다.

많은 사람들이 성공을 바라며, 또 성공을 향해 열심히 노력하지만 모든 사람들이 다 성공을 이루거나 자신이 원하는 결과를 얻지는 못합니다. 그것의 가장 큰 이유는 바로 잠재의식의 활용 여부에 달렸다고 해도 과언이 아닐 것입니다.

| 잠재의식은 힘이 세다

잠재의식의 힘은 의식의 힘에 비해 그 파워가 훨씬 강하고 오래 지속됩니다. '작심삼일'이라는 말들을 흔히 합니다만, 이 말은 의식적 차원에서의 결심은 3일밖에 지속되지 못할 만큼 그 힘이 약하다는 뜻으로도 볼 수 있습니다.

그런 반면에 '세 살 버릇이 여든까지 간다'고 한 속담은 어떻게 이해할 수 있을까요? 모든 버릇은 잠재의식에서 형성되고 유지되기 때문에, 사물을 제대로 의식하지 못할 정도로 어린 나이에 저절로 프로그래밍된 버릇은 쉽게 바꾸기 어렵다고 할 수 있습니다.

결국 '세 살 버릇'이란 너무 어려서 의식이 제대로 형성되기 이전인 상태에서 잠재의식에 자리 잡은 습관을 일컫습니다. 이처럼 잠재의식에 입력된 버릇은 여든 살이 되도록 오랜 시간 동안 변함없이 지속될 만큼 강력하다는 것이지요.

우리는 흔히 어떤 행동을 하고 난 다음 '나도 모르게' 했다는 말을 합니다. 또 어떤 경우에는 '저절로' 혹은 '무의식중에' 그런 행동이 나왔다고도 합니다. 이러한 경우가 모두 무의식, 즉 잠재의식의 차원에서 일어난 일에 해당합니다.

마음속으로 믿는 믿음이나 신념, 추구하는 가치나 이상과 같은 것들도 마찬가지로 잠재의식의 영향을 받습니다. 그런 이유로 우리는 자신의 신념, 삶의 태도나 철학과 같은 것들을 마음먹은 대로 쉽게 바꾸지 못합니다. 의식적인 변화를 시도하다가도 실패로 끝나는 경우가 허다합니다. 술이나 담배 끊기, 운동습관, 공부습관 들이기 등이 마음과는 달리 실패를 거듭할 수밖에 없는 이유도 그러한 습관들이 모두 잠재의식과 깊이 관련되어 있기 때문입니다. 잠재의식에 새겨진 습관을 의식으로 바꾸려고 하니까 잘 안 되는 것입니다.

하지만, 잠재의식은 양날의 검과도 같습니다. 잠재의식을 잘 활용할 수 있다면 자연스럽게 마음, 신념, 가치의 변화, 습관의 변화를 불러올 수 있습니다. 요컨대, 성공을 위해서는 그 분야가 어떤 것이든 우리는 잠재의식에 끊임없이 말을 걸어야 합니다.

| 성공하려면 의식과 무의식을 통합하라

잠재의식은 긴 어둠 속에 놓여 있어 의식이라는 조명 없이는 파악이 되지 않습니다. 그래서 사람들은 잠재의식에 대해 잘 모르고, 그 중요성을 인정하지 않는 경향이 있습니다.

하지만, 사람의 성격이나 행동을 지배하고 통제하는 마음의 자원은 바로 잠재의식입니다. 모름지기 어떤 결심이든 잠재의식 수준에서 이루어져야 지속적이고도 효과적인 변화로 정착될 수 있습니다.

다만, 한 가지 유의할 게 있습니다. 잠재의식은 부정적인 차원과 긍정적인 차원 모두로부터 영향을 받습니다.

과거의 충격적인 경험으로 고통받은 적이 있다면 그 기억은 잠재의식에 입력되어 현재의 행동과 성격에 부정적인 영향을 미칩니다. 예를 들어, 생선을 먹다가 목에 가시가 걸려 응급실을 찾아야 했던 사람은 그 후로는 생선을 아예 먹지 않을뿐더러 무심코 생선을 먹은 뒤에는 알레르기 반응을 일으키기도 합니다. 이것은 부정적인 영향을 끼치는 잠재의식의 작용이라고 할 수 있습니다. 대부분의 알레르기 현상이 잠재의식적 기억과 관련된다고 하니 잠재의식의 힘이 얼마나 큰지 짐작할 수 있습니다.

동네에서 흰 개에게 물린 이후로 개 자체를 두려워하게 됐거나 그 동네를 지나가기, 혹은 흰색까지도 꺼리게 됐다면 이 또한 잠재의식의 작용입니다. 심지어, 특정한 날이나 요일에 충격적인 사건을 경험한 뒤로 그 날짜나 요일이 되면 과거의 충격이 되살아나 해당 날짜나 요일 자체를 싫어하는 경우도 있습니다.

이와는 반대로, 성공이나 행복의 경험들은 현재의 심리 상태에 긍정적인 영향을 미칩니다. 사랑하는 사람과 함께 자주 다니던 카페에 갔을 때, 혹은 로맨틱한 분위기에서 함께 자주 듣던 음악을 세월이 흐른 후에 우연히 듣게 됐을 때, 당시의 장면을 떠올리며 행복한 기분에 젖어드는 것은 잠재의식의 작용입니다.

이처럼 잠재의식이 작용하는 원리를 알면, 보다 적극적으로 또는 의도적으로 긍정적인 심리 상태나 행동을 유도할 수 있습니다. 앞에서 소개한 앵커링 기법, 자기암시도 그러한 예 중 하나입니다. 더불어 이미지 트레이닝, NLP의 연합과 분리 개념 등도 잠재의식을 활용하는 것이라 하겠습니다.

잠재의식이 심리 상태나 일상적 행동, 더군다나 일상의 소소한 습관까지 지배한다면, 잠재의식이라는 엄청난 자원을 이해하고 통제하는 능력을 갖추는 것은 실로 중요한 일이 아닐 수 없습니다. 더욱이 잠재의식을 적극적으로 활용해 원하지 않는 마음 상태와 행동, 습관을 멀리하는 대신 긍정적인 행동, 긍정적인 마음을 가까이 할 수 있다면 성공을 앞당기는 데에도 아주 큰 도움이 될 것입니다.

가장 이상적인 것은 무의식이 의식을 바르게 이끌고, 반대로 의식적 차원에서 학습하고 이해한 지식·기술·능력이 무의식화되어 온전히 내 것이 되는 경우입니다. 이때에야 비로소 완전한 학습과 변화가 이루어지는데, 이것은 곧 의식과 무의식의 통합이라고 하겠습니다. 의식과 무의식의 통합이 이루어지기 위해서는 의식적 차원의 관심과 집중이 반드시 필요합니다.

일반적으로, 무의식은 의식이 가는 곳을 뒤따르는 경향이 있습니다. 의식적으로 맛있는 음식을 생각하면 입안에서는 무의식적으로

침이 생기게 되는 이치입니다. 마찬가지로, 내일 있을 중요한 시험을 생각하면 무의식적으로 불안한 마음이 생겨나 가슴이 두근거리게 되지요.

이처럼 무의식은 우리가 인식하든 인식하지 못하든 간에 의식을 따라가게 마련입니다. 따라서 우리가 진정으로 원하는 것을 이루려면 의식 차원의 관심, 집중, 반복연습이 꼭 있어야 합니다. 그 과정 속에서 의식과 무의식은 자연스럽게 통합이 되어 더욱 강력한 힘을 발휘하게 됩니다.

성공에 이르는 4단계
– 인식하지 않는 능력을 갖춰라!

성공을 위해서는 성공 전략과 함께 그것을 효율적으로 실천하여 새로운 패턴, 즉 프로그램으로 내면화시키는 과정이 꼭 필요합니다. 쉽게 말하면, 성공의 도구가 되는 뭔가를 온전하게 내 것으로 만들어야 된다는 뜻입니다.

그래서 '학습 전략'이 더욱 중요하다고 할 수 있는데, 일반적으로 학습이 성공으로 이어지는 과정을 분석해보면 크게 4단계로 나눌 수 있습니다. '인식하지 못하는 무능력 단계 → 인식하는 무능력 단계 → 인식하는 능력 단계 → 인식하지 않는 능력 단계'가 바로 그것입니다.

어떤 한 분야에서 성공하려면 마지막 네 번째 단계인 '인식하지 않는 능력 단계'에 이르러야 하는데, 이 단계는 의식과 무의식이 통합되는 단계이기도 합니다. 각 단계를 하나하나 살펴보겠습니다.

1. 인식하지 못하는 무능력 단계

가장 낮은 첫 단계는 인식하지 못하는 무능력unconscious incompetence 단계로, 본인 스스로 무능하다거나 무식하다는 사실을 인식하지 못하는 상태입니다.

이 단계에서는 학습의 필요성이나 성공, 성취의 필요성을 인식하지 못하기 때문에 아무런 노력이나 실천이 뒤따르지 않습니다. 공부의 필요성을 못 느끼는 학생, 변화의 필요성을 못 느끼는 직장인, 자기계발이나 발전, 성공의 필요성을 못 느끼는 일반인들의 상태가 바로 이 단계입니다.

이들은 아무런 목표의식도, 변화에 대한 필요성도 느끼지 못하면서 살아갑니다. 오히려 그렇기 때문에 이 단계야말로 가장 행복하고 편안할지도 모르겠습니다. 그런 한편으로, 현실에 안주하고 주어진 것에 만족하면서 아무 생각, 아무 동기 없이 무의미하게 사는 게 이 단계이기도 합니다.

만약 이 단계에 있는 사람들이 성공을 꿈꾼다면 그들에게 가장 필요한 것은 스스로에 대한 객관화, 스스로의 부족함에 대한 깨달음입니다. 무엇보다도 먼저 공부, 변화, 발전이나 성공의 필요성을 느끼고 스스로에게 동기를 부여해야 합니다.

이를 위해서는 성공인의 다양한 사례를 보고 그들을 모델로 삼는 가운데 자극을 많이 받을 필요가 있습니다. '말은 제주도로 보내고 사람은 서울로 보내라'는 속담은 자극의 차원에서 이해할 수 있습니다. 즉, 말이 많은 제주나 사람이 많은 서울 등 경쟁이 치열한 곳에 가서 많은 자극을 접하라는 뜻이지요.

성공을 원한다면 스스로 부족하고 무능하다는 사실을 하루라도 빨리 깨닫는 게 좋습니다. 그렇게 해서 학습의 두 번째 단계, 인식하는 무능력 단계로 빨리 넘어가야 합니다.

2. 인식하는 무능력 단계

두 번째 단계는 인식하는 무능력conscious incompetence 단계입니다. 이 단계에서는 스스로의 무능과 무지를 깨닫고 부끄러워하거나 자책하는 상태가 조성됩니다.

그렇기에 누구든 이 단계에서는 무능의 상태에서 벗어나고자 자발적으로 노력하게 됩니다. 과거의 현실 안주와 무사태평의 마음가짐에서 벗어나려는 것이지요. 동시에 스스로에 대한 객관적인 평가가 가능해져 차츰 변화와 성공의 필요성을 느끼게 됩니다. 무사안일하게 지냈던 자신의 과거 모습에 대해 후회하며 성공을 위해 몸

부림치는 단계인 것입니다. 그런 한편으로, 때가 늦지는 않았을까 하고 불안해하기도 합니다.

하지만 '늦었다고 생각할 때가 가장 빠른 때'라는 말이 있듯이 부족함에 대한 자각이야말로 성공을 위한 노력의 원천이자 강력한 동기부여가 됩니다. 게다가 그러한 자각이 강하면 강할수록 실천의 정도와 속도도 높아져 충분히 경쟁자들을 뒤쫓을 수 있습니다. 자각의 정도와 실천이 문제지, 시기는 그 다음 문제인 것입니다.

세계적으로 성공한 사람들 중에는 젊었을 때 방황하고 방탕한 삶을 살다가 뒤늦게 자신의 삶을 뉘우치고 각고의 노력 끝에 성공한 사람들이 얼마든지 있습니다. 일례로, 이순신 장군은 아이 셋을 둔 몸으로 32세에 첫 관직에 올랐고 이후 10년 넘게 변방을 떠돌았으며, 미국의 34대 대통령 아이젠하워는 군대에서 소령 계급장을 무려 16년간이나 달고 있었습니다.

성공하기를 원하십니까? 그렇다면 자신의 객관적인 상황부터 하루 빨리 파악하고 분석해야 합니다. 자신이 얼마나 부족하며 무능한지를 깨닫고 인식해야 합니다. 그리고 그 같은 깨달음에서 오는 고통과 마음의 불편함을 피하려 하지 말고 견뎌야 합니다. 길은 찾으면 틀림없이 보일 것이니, 오로지 자각과 실천만이 성공을 보장해준다는 사실을 잊지 않기 바랍니다.

3. 인식하는 능력 단계

세 번째는 인식하는 능력conscious competence 단계로, 앞 단계의 노력으로 인해 조금씩 결실을 보는 단계입니다. 스스로의 발전과 성장에 대해 조금씩 눈을 뜨고 뿌듯한 느낌을 갖게 되기도 합니다.

그런데 아직은 그 노력이 완성되지 않았고 성공을 이룬 것 또한 아닙니다. 모든 노력들이 아직 의식적으로 이루어지는 상태에 머물러 있습니다. 노력과 학습이 내면화되거나 자동화되지 않은 상태인 것이지요. 그런 이유로 프로의 수준이라고 하기보다는 아마추어 수준에 가깝다고 할 수 있습니다.

이 단계에서는 새로운 지식을 배우고 능력을 익히는 가운데 내공이 쌓여 갑니다. 그간의 성과가 눈에 보이기 시작하고 남에게 자랑하고 싶은 마음이 들기도 합니다.

하지만 아직은 아닙니다. 우리는 여전히 서투릅니다. 아직은 컴퓨터 자판을 두드리는 자기 손가락을 확인해야 하고, 피아노 건반을 누를 때 손가락의 위치가 정확한지 매번 확인해야 하는 수준에 불과합니다. 영어로 대화하면서도 머릿속에서는 열심히 문법과 단어를 꿰맞추는 데 정신이 없습니다.

그럼에도 불구하고 새로운 기능을 배울 때는 누구나 이 단계를 거쳐야 합니다. '천릿길도 한 걸음부터'라고 했듯이 이 단계가 없이는 마지막 네 번째 단계도 오지 않습니다.

4. 인식하지 않는 능력 단계

마지막 단계는 인식하지 않는 능력unconscious competence 단계입니다. 이 단계는 모든 학습과 노력이 내면화되고 자동화되어서 무의식 속에 새로운 패턴으로 자리 잡은 상태입니다. 그래서 아무런 의식 없이도 행동이 자연스럽게 능력으로 나타납니다. 이것은 프로의 수준에 해당합니다.

진정한 능력자는 자신의 행위에 대해 의식하지 않는 가운데 능력을 발휘하는 사람입니다. 그냥 생각과 느낌대로 행동하고 반응하지만 여기에는 한 치의 오차도 없습니다.

이 단계까지 오려면 오랜 기간 동안 반복된 훈련과 연습 과정을 거쳐야 합니다. 하지만 그보다 더 중요한 게 앞에서 언급한 '의식과 무의식의 통합'입니다. 즉, 의식적인 연습과 훈련이 무의식적인 패턴으로 내면화되고 자동화될 수 있도록 하는 것입니다. 그렇게 될 때까지 '연습하고 노력하고 반복해야' 합니다. 또 흔들림 없는 믿음을 가져야 합니다. 대다수 사람들은 이렇게 해서 성공이라는 기회를 얻습니다.

생각만으로도 불행이 닥칠 수 있다

제한적 신념limiting belief이란 개념이 있습니다. 이는 스스로의 성장과 건강, 행복한 삶에 방해가 되는 부정적 신념을 뜻합니다. 불안, 슬픔, 분노, 죄책감 같은 부정적 정서가 정서 차원의 문제라면 제한적 신념은 인지 차원의 문제로 사고방식, 생각, 가치관, 태도 등과 관련됩니다.

사람들은 나름대로의 가치관이나 신념을 갖고 살아가는데, 그 신념과 가치관은 행동뿐 아니라 삶의 방향을 결정짓기도 합니다. 그러므로 가치관이나 신념은 성공을 좌우하는 외에 행복과 불행의 씨앗이 될 수도 있습니다.

합리적 정서 행동 치료의 창시자인 미국의 심리학자, 앨버트 엘리스Albert Ellis 박사는 "생각은 그의 정서와 행동에 직접적으로 영향을 미치며, 비합리적 사고를 하면 비합리적 정서나 행동을 경험하게 된다. 이 경우, 비합리적 사고를 합리적 사고로 바꾸어주면 정서와 행동 치료가 가능하다."고 했습니다.

비합리적 신념 또는 사고의 대표적인 예로서 강박적 사고를 들 수 있습니다. 강박적 사고란 특정 생각을 끊임없이 반복적으로 하는 것을 말합니다. 예를 들어 3이나 7과 같은 특정 숫자를 계속 생각하거나 누군가 자신을 감시한다는 식의 피해의식을 끊임없이 갖는 것, 의부증이나 의처증처럼 특정인을 계속 의심하는 것도 일종의 강박적 사고이자 비합리적인 신념이라고 할 수 있습니다.

| 제한적 신념이 나를 힘들게 한다

제한적 신념은 신념 자체의 합리성 또는 비합리성과는 상관없이 개인의 성장과 발전을 제한하고 방해합니다. 일례로, 어떤 사람이 사업이 실패했을 때 그 실패에 대해 어떤 신념을 갖느냐에 따라 그 다음의 행동 방향이 달라지곤 합니다.

그가 만약 '누구나 실패할 수 있다. 실패는 시행착오의 한 과정이기에 이 일을 다음의 성공을 위한 거울로 삼아야겠다'는 신념을 가졌다면 그것은 곧 합리적인 사고라고 할 수 있으며, 이로 인해 그는 새롭게 힘을 얻고 재기할 수 있을 것입니다. 이와는 반대로 '실패는 절대 용납할 수 없다'는 비합리적 신념을 가진 사람은 현실을 받아들이지 못하고 실패에서 교훈을 찾지도 못한 채 심한 좌절감에 빠지고 말 것입니다. 그는 이제 실패하는 게 두려워 새로운 도전은 엄두도 못 낼지 모릅니다.

실패를 제한적 신념 차원에서 생각해보면, 실패 경험이 많은 사람은 어느 순간부터 '나는 성공할 수 없다'는 부정적인 믿음을 갖게 됩니다. 그러한 믿음은 본인에게 무력감과 좌절감을 안기고 성공에 대한 믿음을 앗아갈 뿐만 아니라 성공을 위한 어떠한 도전이나 노력도 못 하게 합니다.

제한적 신념은 정신건강에 해를 끼치는 것에 더해 신체건강에도 영향을 미칩니다. 막연하게, 언젠가 교통사고를 당하게 될 것이라는 제한적 신념을 가진 사람은 자동차 타기를 두려워할 것입니다. 또한 정확한 이유는 잘 모르겠지만, 교통사고를 당할 것 같다는 막연한 생각이 제한적 신념으로 작용해 실제로 사고를 부르는 원인으로 작용할 수도 있습니다.

이와 마찬가지로 '암에 걸릴 것이다', '일찍 죽을 것이다', '사람들이 나를 좋아하지 않을 것이다', '부자가 되지 못할 것이다'라는 제한적 신념을 갖고 살아가다 실제로 그렇게 돼버리는 경우가 없지 않습니다. 말이나 생각이 씨앗이 되는 것이지요. 이러한 신념은 일종의 자성自成 예언에 속합니다.

| 자성 예언과 피그말리온 효과

자성 예언이란 스스로 앞으로 어떻게 될 것이라고 믿으면 현실에서 진짜 그렇게 된다고 하는 것인데, 비슷한 개념으로 피그말리온pygmalion 효과가 있습니다.

피그말리온 효과란 '기대하는 대로 이루어진다'는 의미로 교육학에서 주로 사용되는 용어입니다. 피그말리온은 원래 그리스 신화에 나오는 어느 조각가 이름입니다. 그는 너무도 예쁘고 멋진 여인상을 조각했는데 자기가 직접 만든 작품에 반해 그 여인을 사랑하게 되었고, 그 여인이 살아나 자신과 결혼할 수 있기를 간절히 기도했습니다. 그런데 정말로 조각상이 사람으로 환생해 두 사람은 결혼했다고 합니다. 이처럼 진심으로 원하고 바랄 때 소망이 이루어진다는 뜻으로 피그말리온 효과라는 용어를 사용합니다.

마찬가지로 플라세보placebo 효과도 비슷한 개념인데, 이 용어는 가짜 약을 진짜 약이라고 생각하고 복용하면 그 믿음대로 약 효과가 나타나는 것을 뜻합니다. 그리고 플라세보 효과와 반대되는 개념이 노세보nocebo 효과입니다. 이것은 진짜 약도 효과가 없다고 믿으면 정말로 효과가 없어진다는 것으로, 부정적인 자성 예언에 해당하는 말입니다.

자신의 제한적 신념을 인식하지 못하는 사람들은 자기에게 문제가 있다는 것은 알지만 그것이 어떤 영향을 미치는지 잘 몰라 변화의 기회조차 갖지 못합니다. 또한 제한적 신념은 무의식의 깊은 곳에서 사고, 정서, 행동에 직접적인 영향을 미칩니다. 따라서 성공을 위한 변화를 위해서라도 자신의 제한적 신념을 찾아 그것을 해소할 필요가 있습니다.

제한적 신념을 없애는 방법에 대해서는 다음 쪽에서 '마음을 다스리는 방법'과 함께 설명 드리겠습니다.

마음을 다스린다는 것

일찍이 동양에서는 '수신제가 치국평천하修身齊家 治國平天下'라고 했습니다. 여기서 '수신'이란 자기 자신을 잘 다스린다는 것을 말하므로, 이 가르침은 결국 세상살이의 기본은 자기를 잘 다스리는 것이란 뜻으로 해석할 수 있습니다.

물론 표면적으로는, 수신修身이란 낱말에 몸을 의미하는 '身'이 들어 있으므로 '몸을 다스린다'는 뜻으로 볼 수도 있겠지만, 글의 맥락을 보건대 마음을 다스린다는 뜻으로 새기는 게 적절해 보입니다. 그리고 '수신'을 제일 앞에 놓은 것은 자신의 마음을 다스리는 게 어려운 일이기도 하지만 가장 기본이 될 만큼 중요하다는 것을 뜻한다고 하겠습니다.

　살아가면서 한 번도 마음의 상처를 입지 않거나 고통을 겪지 않은 사람은 없을 것입니다. 그런데, 내 안에 마음의 상처나 고통이 생기는 근본 원인은 어디에 있을까요? 마음을 다스리는 방법에 대해 알아보기 전에 이 문제부터 짚어보겠습니다. 어쨌거나 마음을 다스리는 데에는 마음의 상처가 큰 문제일 테니까요.

　앞의 질문과 관련해 오래전에 유행했던 〈가시나무〉란 노래를 소개하겠습니다. 다음은 그 노랫말 앞부분인데, 천천히 음미해보기 바랍니다.

　내 속엔 내가 너무도 많아

　당신의 쉴 곳 없네.

　내 속엔 헛된 바람들로 당신의 편할 곳 없네.

　내 속에 내가 어쩔 수 없는 어둠

　당신의 쉴 자리를 뺏고

　내 속에 내가 이길 수 없는 슬픔

　무성한 가시나무숲 같네.

　……

　이 노랫말처럼 사람의 마음속에는 서로 다른 성격을 가진 여러 가지 마음의 상태가 있습니다.

예를 들면, 어른 같은 마음과 어린이 같은 마음이 공존할 수 있습니다. 그래서 사람들은 평소엔 점잖은 어른의 마음으로 행동하고 살아가지만, 모처럼 옛 친구나 초등학교 동창을 만나면 곧장 어린 시절의 마음으로 돌아가곤 합니다. 아이나 학생들이 즐겨 쓰는 말투와 표정, 몸짓으로 거리낌 없이 행동하는 것입니다. 개중에는, 사람들이 많이 있는 곳에서 정도 이상으로 크게 떠들거나 웃어대는 사람들도 있습니다. 보통 때라면 남들의 그런 행동을 보고 야단을 치거나 속으로 비난했을 텐데 말입니다.

이처럼 사람의 마음이 그때그때 바뀌는 건 왜일까요? 마음은 어떻게 상처를 입고, 그 상처는 어떻게 생활 속에서 문제를 일으키고 우리에게 고통을 주게 되는 걸까요? 그런 한편으로 성공을 향해 흔들림 없이 나아가게 해주는 마음의 원동력은 어디서 찾을 수 있을까요?

이 같은 마음의 문제는 NLP의 '분아分我'와 '무의식적인 프로그래밍' 개념으로 이해할 수 있습니다. 분아란 내 마음속에 있는 '또 다른 마음'입니다. 만약 우리가 어떤 상황에서 갈등하고 있다면 그것은 마음속에서 서로 다른 방향으로 생각하고 느끼는 2개 혹은 그 이상의 '또 다른 마음들'이 경쟁을 벌이거나 다투고 있기 때문이라고 볼 수 있습니다.

앞에서 소개한 〈가시나무〉의 노랫말 중 '너무도 많은 나'가 바로 분아에 해당합니다. 이 분아들이 한 마음 한 뜻이 되지 못할 때 마음은 분산됩니다. 갈등과 같은 부정적 정서를 경험하면서 심적 에너지 또한 의미 있는 일에 집중되지 못하고 나뉘는 것입니다. 그리고 평소에는 잠재되어 있다가 예전의 문제와 비슷한 상황에 직면하면 수시로 노출되어 문제를 일으키게 됩니다. '내가 이길 수 없는 슬픔'의 본색이 드러나는 것이지요.

그런 한편으로, 마음 프로그램은 무의식 차원에서 형성되는 성격이나 습관 같은 것입니다. 컴퓨터가 일정한 프로그램에 따라 작동하듯이 우리 마음도 어릴 때부터 형성된 마음 프로그램에 따라 움직인다고 볼 수 있습니다.

마음 프로그램은 부모의 양육 태도, 가정환경, 학교 교육, 종교, 문화 등의 영향을 받아 형성되는데, 한번 형성되면 평생을 지배하기도 합니다. '세 살 버릇 여든까지 간다'는 속담이 이를 잘 반영합니다. 여기서 '세 살 버릇'이 무의식적인 마음 프로그램에 해당하고 '여든까지 간다'는 그 프로그램이 평생 개인을 지배하고 영향을 미친다는 의미입니다.

정리하자면, '내 속에 너무도 많은 나'와 마음속 프로그램을 다스리는 게 마음을 다스리는 문제의 본질입니다. 그리고 앞에서 누차 설명했듯이, 의식의 힘만으로 이 문제를 해결하는 데에는 한계가 있습니다. 왜냐하면 분이나 마음속 프로그램은 잠재의식의 영역에서 구동되는 것이기 때문입니다.

잠재의식의 특성을 활용한 자기암시, 최면 등이 마음을 다스리는 데 큰 효과를 발휘하는 이유도 여기에 있습니다. '수신'의 의미를 잠재의식의 차원에서 받아들이고 활용하는 것이지요.

또 다른 옛말에 '지피지기면 백전백승知彼知己 百戰百勝'이라는 가르침도 있습니다. 여기서 '지피지기'란 '자기를 알고 남을 안다'는 것을 뜻합니다.

흔히 '열 길 물속은 알아도 한 길 사람의 마음은 모른다'고들 합니다. 이 두 속담은 그만큼 자기를 안다는 것, 또는 사람의 마음을 제대로 아는 게 어렵다는 것을 강조한 표현이라 할 수 있습니다. 자기를 아는 것도 어려운데, 하물며 남의 마음을 알고 이해하는 건 또 얼마나 어려울까요.

그런데, 자신의 내면에 잠재하고 있는 무의식에 대해 이해하면 '지피지기'에 큰 도움이 됩니다. 잠재의식에 대한 이해는 곧 마음이 움직이는 원리, 마음을 다스리는 원리에 대한 이해이기도 하기 때문입니다. 잠재의식을 알면 성공이 보이는 이유는 바로 여기에 있습니다. 마음의 힘에 의해 '백전백승'의 길이 열리는 것입니다.

| 긍정적 자기최면과 부정적 자기최면

사람의 마음이라 불리는 생각과 정서는 무의식적 작용에 의해 매 순간 자신을 위한 최선의 선택이라고 여겨지는 방향으로 흘러갑니다. 최면은 그 마음의 작용을 활용하는 것으로, 우리가 일상에서 늘 경험하는 현상이지만 대부분의 사람들은 그것에 대해 잘 모르고 있을 뿐입니다.

'일상의 보편적 최면common everyday trance' 현상이란 개념이 있습니다. 즉, 우리는 일상생활 속에서 의식하건 의식하지 못하건 수없이 많은 최면 현상을 경험하며 살아가는데, 이처럼 누구나 경험하는 일상의 최면 현상을 일컫는 말입니다.

버스나 지하철을 타고 가면서 다음 정거장에 내려야 함에도 불구하고 다른 생각에 사로잡혀 있느라, 또는 통화를 하느라 내려야 할 곳을 지나치는 경우가 흔히 있습니다. 또한 재미있는 책을 읽느라 시간 가는 줄 모르고 밤을 새우기도 하며, 재미있는 TV 프로그램을 시청하느라 옆에서 전화벨이 울려도 그 소리를 듣지 못하기도 합니다. 생각에 잠겨 길을 걷다가 아는 사람이 지나가면서 인사를 건네도 모르고 지나치는 경우도 있습니다.

이런 일들은 트랜스trance라고 하는, 일종의 최면 상태에서 나타나는 현상입니다. 누구나 일상생활 속에서 수시로 자기최면 상태에 들어갔다 나왔다 하면서 살아가지만, 사람들은 그러한 사실을 의식하지 못합니다. 그 때문에 최면이란 극소수의 사람들이 특별한 상황에서 특정한 형식으로 경험하는 것이며 자신과는 상관없는 일이라고 여기는 경향이 있습니다.

특정한 믿음이나 가치관은 개인에게 절대적인 영향력을 행사하면서 개인의 삶을 지배하고 행동을 규제합니다. 이것 역시 무의식적이고 자동적인 것으로서 자기최면의 한 현상이라고 할 수 있습니다.

어떤 사람은 중요한 시험에서 실패하는 순간에 '아, 이제 내 인생은 끝이구나' 하는 부정적 자기최면에 빠지게 됩니다. 반면에 성공하는 사람들은 실패를 하더라도 '실패 없는 성공은 없다'는 마음가짐으로 기꺼이 재기를 위한 노력을 합니다.

끊임없이 '실패'라고 생각하는데 성공하는 게 오히려 이상할 테지만, 사람들은 이런 단순한 차이가 결국 성패를 가를 수도 있다는 사실을 믿지 않으려 합니다. 아니, 대다수는 아예 관심조차 두지 않습니다.

자기최면에는 부정적 자기최면과 긍정적 자기최면의 두 가지 측면이 있습니다.

부정적 자기최면은 성공을 향해 가는 우리들의 인생길에 별 도움이 되지 못합니다. 걸림돌이 될 뿐이지요. 예를 들어, 어떤 사람이 몇 번에 걸친 실패 끝에 '난 이제 틀렸어'라는 생각을 거듭하는 이상 성공은 더욱 요원해집니다. 부정적 자기최면은 단순히 마음이 불안해지는 것을 넘어 성공 에너지를 흩어지게 만드는 역효과가 있습니다.

반면에 과거에 크고 작은 성공 경험을 많이 해본 사람이라면 자신은 무엇이든 잘할 수 있을 것이라고 믿으면서 도전을 두려워하지 않게 됩니다. 성공에 대한 확신을 얻는 것에 더해 성공 에너지를 내 안으로 끌어당기게 되는 것이지요.

1900년대 초에 우리나라에 최면이 처음 소개된 이래, 최면의 다양한 장점에도 불구하고 사람들에게 알려진 최면의 모습은 많이 왜곡되거나 부정적 선입견을 가지게 된 측면이 있습니다. 그래서 사람들은 최면의 본질이나 효과에 대해 제대로 알지 못하고 있음은 물론, 심지어 특정 종교를 믿는 사람들은 최면에 대해 죄악시하는 경향마저도 있습니다.

최면에 대해 부정적으로 바라볼 이유는 전혀 없습니다. 사람들은 최면의 한 단면만을 알고 있거나 보기 때문에 오해하는 경우가 많은데, 최면의 본질은 사람을 이롭게 하고 도움을 주려는 데에 있습니다. 아무리 좋은 약이라도 오용하거나 남용하면 몸에 나쁜 영향을 주지만, 그렇다고 해서 약에 대해 무조건적으로 부정하거나 나쁘게 여기지는 않습니다. 최면도 이와 같습니다. 사람들이 보다 건강하고 성공적인 삶을 사는 데 최면은 강력한 도구가 될 수 있으니, 그 같은 부분만 적극적으로 활용하면 됩니다.

| 마음 버릇을 고쳐라

자기의 삶에 대해 불만을 갖거나 불평의 요소가 많다고 여기는 사람들, 마음의 고통과 어려움 속에 있다고 생각하는 사람들은 어쩌면 스스로 파놓은 우물에 갇힌 채 부정적 자기최면에 빠져있는 사람들이라고 할 수 있습니다. 원인이야 어떻든지 간에, 만약 자신이 부정적 최면 상태 속에 있다는 생각이 든다면 어서 빨리 그 우물에서 빠져나와야 합니다.

자기최면이란 일종의 마음 습관을 만드는 방식에 해당하기도 합니다. 사람은 누구나 자신만의 독특한 행동이나 습관이 있습니다. 자신이 미처 인식하지 못하는 사이에 자연스럽게 어떤 행동이 나오는 것처럼, 마음에도 개인마다 독특하게 반응하는 '마음 버릇'이라는 게 있습니다.

특정한 운동을 계속하거나 기술을 연습하면 우리 몸에는 거기에 걸맞은 근육과 익숙한 몸놀림 같은 변화가 나타납니다. 그와 마찬가지로, 마음 역시 습관에 의해 길들여지는 변화의 경향성을 만들어냅니다.

그래서 부정적인 사고를 자주 하는 사람은 부정적으로 사고하는 것에 익숙해져서 어떤 경우에든 쉽게 부정적인 방향으로 생각하게 되는 반면, 긍정적인 사고방식을 가진 사람은 늘 긍정적인 방향으로 생각하게 하는 마음 버릇의 도움을 받습니다. 긍정적인 사람이 되는 이치는 여기에 있습니다.

대다수 자기계발서의 인생훈에는 '긍정적인 사람이 되라'는 항목이 약방의 감초처럼 들어가 있는데, 자신을 '부정적인 사람'이라고 평가하는 경우는 잘 없습니다. 객관적으로 평가해보면 부정적인 경향이 뚜렷한데도 말입니다. 아마도 '긍정적인 사람'이라는 표현의 개념이 추상적이기 때문일 것입니다. 이것을 '긍정적인 마음 버릇을 들여라'는 표현으로 이해하면 가르침이 쉽게 와 닿습니다. '마음은 곧 그 사람'이기도 하므로 사실 똑같은 표현에 속합니다. 중요한 것은 긍정적인 마음 버릇이 있는가 여부입니다. 내게는 과연 그 같은 마음 버릇이 있을까요?

마음의 버릇은 잠재의식에서 생기며 잠재의식은 마음의 버릇을 통제합니다. 좀 더 넓은 의미에서 보자면 잠재의식은 우리의 행동과 마음, 그리고 삶을 지배하고 통제합니다. 그러므로 한번 생긴 마음 버릇, 행동을 고치기란 여간 어려운 일이 아닙니다. 만약 마음 버릇이 의식 차원에서 생기는 것이라면 의식적 차원에서 이 버릇을 교정하면 됩니다. 하지만 잠재의식에 의해 지배되는 마음 버릇은 의식 차원에서 접근하기가 매우 어렵습니다.

이때 자기최면이 버릇을 고치는 해법이 될 수 있습니다. 무의식에 정착된 버릇이라 하더라도 어렵지 않게 교정이 가능합니다. 왜냐하면 자기최면은 마음 버릇을 지배하는 잠재의식을 직접적으로 통제하기 때문입니다.

| 원하는 이미지를 비유법으로 표현하라

현재 자신의 삶 속에서 해결해야 하거나 바꾸고 싶은 문제 상황이 있다면 아래 방법을 사용해보기 바랍니다.

먼저 어려운 상황이나 문제를 떠올린 뒤 하나의 짧은 비유를 떠올립니다. '나의 문제는 마치 ○○○와 같다'에서 ○○○ 부분에는 어떤 단어가 들어갈 수 있을까요? 전쟁? 지옥? 죽음? 뱀? 이별? 끝없는 기다림? 진흙탕? 이때 내가 선택한 답이 바로 나의 현재 상태, 즉 문제 상황입니다.

다음으로는 당신의 문제가 어떻게 해결되기를 바라는지, 당신의 문제가 어떻게 바뀌기를 바라는지 생각해봅니다. '내가 원하는 것은 △△△이다'라는 문장을 완성하는 것입니다. 빈칸은 천국 같은 집, 무지개와 같은 꿈, 폭포수와 같은 시원함, 부자의 마음, 바다의 여유 등으로 채워질 수 있을 것입니다.

제가 상담한 어떤 부부는 사이가 좋지 않아 싸움이 잦았는데, 그들이 비유법으로 표현한 둘의 관계는 '마치 물과 기름 같다'였습니다. 하지만 부부관계를 '함께 하는 스포츠댄스'라는 비유로 바꾸었을 때 뜻밖에도 문제 해결의 열쇠를 얻은 것 같은 느낌을 받았다고 합니다.

스포츠댄스는 어느 한쪽이 일방적으로 행동하거나 처신하면 한 동작도 완성할 수 없습니다. 서로가 서로에게 맞추고 상대를 배려해야 합니다. 그래서 부부관계를 댄스로 비유했을 때 문제 해결의 방향을 찾을 수 있었던 것입니다.

이처럼 우리가 문제 상황에 처했을 때 적절한 비유를 떠올리고 그것을 계기로 활용한다면 뜻밖의 도움을 얻을 수 있습니다.

이제, 현재 당신의 문제는 무엇이며 변화되기를 바라는 목표가 무엇인지를 비유법으로 표현해보기 바랍니다. 이 기법은 긍정과 부정을 구분하지 않는 잠재의식의 특성을 이용한 것으로, 매우 간단하지만 기대 이상의 효과를 거둘 수 있습니다.

| 주먹을 꼭 쥐면 자신감이 생긴다

마찬가지로, 일상생활에서 자신감을 얻을 수 있는 간단한 방법을 하나 소개하겠습니다. 시험이나 면접, 프레젠테이션 등을 앞두고 긴장되는 상황에서 활용이 가능할 것입니다.

과거에 아주 기분이 좋았거나 자신감 있게 일을 처리했을 때의 장면을 떠올려서 이미지화합니다. 나는 시각적으로 어떤 모습을 하고 있으며, 어떤 목소리로 말을 하고, 어떻게 행동하고, 다른 사람들은 그런 나를 어떻게 대하는지, 느낌은 어떠한지를 생각합니다. 그리고 이것을 하나의 이미지를 만들어 오른손에 담는다고 상상하며 주먹을 꼭 쥡니다.

목표했던 일을 성공적으로 성취했던 일, 인정받았거나 칭찬받았던 일 또는 상을 받았던 일, 아주 활력 넘치고 힘차게 활동했던 일, 정말 갖고 싶었던 것을 얻었던 일 등의 상황을 이미지로 만들어 손 안에 담는 것입니다.

그런 다음, 오른쪽 손바닥을 활짝 펴서 위를 향하게 하고 손에 들어 있는 것의 모양을 상상해봅니다. 색깔을 보고 촉감을 느낍니다. 전체적인 느낌이 어떤지를 느껴보고, 그것이 말을 한다면 무엇이라고 말할지 그 소리를 마음의 귀로 들어봅니다.

이번에는 스스로에 대한 불신과 무능감, 못났다고 생각되는 점,

싫어하는 점 등을 떠올립니다. 그리고 이것을 이미지로 만들어 하나씩 왼손에 담는다고 상상하며 주먹을 꼭 쥡니다. 그런 다음 오른손 때처럼 왼손 바닥을 펴고 내용물의 모양, 색깔, 촉감을 느낍니다. 이것이 말을 한다면 어떤 말을 할지 생각하고 그 소리를 마음의 귀로 들어봅니다.

마지막으로 "하나, 둘, 셋" 할 때 오른손의 내용물을 왼손으로 옮겨서 두 가지 내용물이 한데 섞여 서로 똑같은 색과 모양, 소리, 느낌이 되도록 합니다. 왼손의 내용물을 오른손 내용물에 동화시키는 것입니다. 이 상태에서 다시 오른손의 이미지에 마음을 집중합니다. 주먹을 꼭 쥔 상태에서 주먹에 담긴 이미지를 느낍니다.

이 과정을 여러 번 반복하다 보면 자신감이 생겨나고 부정적인 정서가 사라지는 효과를 기대할 수 있습니다.

다시 한번 강조하지만, 마음을 다해 믿으면 그것이 곧 현실이 되고 몸 또한 우리의 믿음을 따라 움직이게 됩니다. 그것이 긍정적이든 부정적이든 간에 말입니다.

나를 벗어나 진짜 나를 바라보라

사람은 누구나 문제 상황을 제 입장에서만 판단하고 느끼는 경향이 있어 한번 자기감정에 빠져들면 좀처럼 헤어나기 힘들어집니다. 그래서 이런 때일수록 나를 벗어나 진짜 나를 바라보는 자기객관화가 필요합니다. 자기객관화란 쉽게 말하면, 남의 눈으로 나를 바라보는 것을 뜻합니다.

우리의 전통 가옥인 한옥의 방문에는 창호지가 발라져 있습니다. 종이의 일종인 창호지는 유리창과는 달리 쉽게 뚫립니다. 그래서 겨울이 되면 창호지에 난 구멍이나 틈 사이로 찬바람이 들어왔고, 우리 조상들은 겨울을 나는 준비 중의 하나로 그 구멍과 틈을 막고는 했습니다.

사람 또한 마음에 구멍이 생기게 되면 '찬바람'이 들어오는 게 싫어 본능적으로 구멍을 막기 위해 노력하게 되는데, 그러한 노력의 일환이 심리학에서 말하는 방어기제defense mechanism입니다.

하지만 방어기제를 너무 신뢰해서는 안 됩니다. 방어기제는 우리 자신을 보호해 일시적으로는 체면을 유지하고 자존심을 지키는 데 도움이 되지만, 결과적으로는 자신의 참모습을 감추고 위장하는 기능을 합니다. 그리고 그 과정에서 적지 않은 에너지를 소모하게 돼 개인의 건설적인 발전이나 성장을 방해합니다.

| 자신을 포장하거나 숨기지 말아야 하는 이유

내 자신을 숨기고 포장하는 데 열중하는 것은 성공에 별다른 도움이 되지 않습니다. 일견 자신의 못난 점을 숨기고 조금 잘하는 것은 훨씬 잘하는 것으로 포장하는 게 당장은 유리할 것 같지만, 길게 보면 역효과를 부르기 십상입니다. 왜냐하면 가장된 모습과 내면의 자아自我와의 갭 때문입니다. 나의 무의식은 전혀 그러하지 않은데, 겉으로만 그런 척해봐야 별 소용이 없습니다. 성실하지 못한데 성실한 척, 못하는데 잘하는 척, 없는데 있는 척해봐야 과연 그게 얼마나 갈 수 있을까요? 남들에게 가식적으로 보이면 어떡하지, 따위의 걱정은 문제의 본질이 아닙니다. 무의식과 의식의 통합 없이는 진정한 변화가 이루어지지 않으므로 이것이 진짜 큰 문제입니다.

스스로가 성실하지 못하면 성실한 척할 게 아니라, 성실하게끔 내면의 자아에서부터 변화를 일으켜야 합니다. 그런데도 사람들 중에는 본성이 성실하지 못한데 자신이 성실한 줄 착각하거나 성실한지 어떤지 관심조차 없는 사람들마저 적지 않으니 성공의 크나큰 걸림돌이 아닐 수 없습니다.

요컨대, 성공을 위해서는 내면의 자아를 바로 보는 게 첫 번째요, 겉모습에 신경 쓰기보다는 내면의 자아의 변화를 꾀하는 게 두 번째라 하겠습니다.

자아의 변화를 이끌어내는 잠재의식의 기능에 대해서는 앞에서 다루었으므로, 여기서는 자아의 참모습을 찾는 방법에 대해 살펴보겠습니다. 진정한 자아를 찾는 일은 건강하고 발전적인 삶의 중요한 과제이며, 이를 위해서는 스스로를 객관적으로 바라보는 연습이 꼭 필요합니다.

자기를 객관화한다는 것은 타인의 입장이 되어 혹은 다른 차원에서 자신에 대해 생각하고 바라보는 것을 의미합니다. 사람을 포함한 동물의 눈은 바깥 방향을 보도록 되어 있습니다. 너무나 당연한 말 같지만, 이러한 눈의 구조로 인해 우리는 남의 모습이나 행동, 바겉에서 일어나는 상황은 잘 볼 수 있지만 자신을 살펴보는 일은 거의 불가능해졌습니다. 그 때문에 스스로를 제대로 못 보고 모든 일을 자기 입장에서 주관적으로 바라보는지도 모르겠습니다.

주관적인 입장에서만 자신을 바라보면 부정적 정서 속으로 쉽게 빠져듭니다. 더군다나 스스로 한없이 괴로워하고 고통스러워하면서도 그렇게 힘들어하는 자신의 모습을 보지 못합니다. 다른 사람에게는 "다 마음먹기 나름이야. 뭘 그렇게 고민해."라고 말하면서도 정작 본인 자신이 그렇게 할 생각은 하지 않습니다. 내가 현재 어떤 상태에 놓여 있는지, 스스로를 보지 않기 때문입니다.

스스로를 객관적으로 보는 습관을 들이면 부정적 정서에서 쉬이 벗어날 수 있습니다. 녹음기에 녹음된 자신의 목소리를 들어본 적이 있는가요? 혹은 비디오카메라에 녹화된 자신의 모습을 동영상으로 본 적이 있는가요? 아마도 매우 어색한 느낌이 들었을 것입니다.

특히 화가 나 있거나 우울해하는 모습, 울고 있는 자신의 모습을 거울을 통하거나 비디오로 녹화해서 본다면 그 기분은 어떨까요? 너무나 어색해 부정적인 감정에서 어서 벗어나고 싶은 기분을 느끼는 게 인지상정입니다.

그렇습니다. 우울, 슬픔, 분노 등의 부정적인 감정이 느껴질 때 거울을 보면 한결 기분이 나아집니다. 사무실이나 집에서 어떤 상황에 의해 부정적인 감정이 치밀어오를 때는 얼른 화장실로 달려가

거울에 비친 자신의 모습과 표정을 바라보기 바랍니다. 한참 바라
보다가 살며시 웃어보기 바랍니다.

슬픔, 우울, 분노의 감정이 느껴지면 거울을 꺼내 자신의 표정을 바라보자.

문제 상황에서 한 걸음 떨어져서 바라보면 부정적 정서에서 벗
어나거나 문제에서 해방될 수 있습니다. 스스로를 객관화하는 순간
감정은 한결 누그러지고 또 그 와중에 문제 해결의 영감을 떠올리
게 되는 것입니다. 심리요법 중에는 그러한 원리를 응용한 기법들
이 종종 사용되는데, 여기서는 혼자서도 쉽게 할 수 있는 공중분리
법에 대해 설명하겠습니다.

| 스스로를 내려다보는 공중분리 기법

　문제 상황을 공중에서 내려다본다고 생각하면 마음이 다소 가벼워집니다. 이런 원리를 응용한 것이 공중분리법인데, 공중에서 문제 상황을 내려다보는 것처럼 상상하고 경험하는 방법입니다. 처음에는 그리 높지 않은 공중에서 내려다보는 것을 상상하다가 점점 더 높이 올라갑니다. 그러다 마지막에는 지구 대기권을 벗어나 먼 우주공간까지 올라가서 내려다보는 식으로 상상합니다.

　1. 부정적 정서를 일으키는 일이나 사건이 무엇인지를 확인합니다. 경우에 따라 특정한 사람일 수도 있습니다. 시험에 떨어진 일, 승진에서 탈락한 일, 실연 등의 사건이 부정적 정서를 일으키는 대상이 되는데, 스트레스를 주는 상사, 사이가 좋지 않아 허구한 날 싸우는 동료, 자신을 배신하고 떠난 사람 등의 특정인도 부정적 정서의 대상이 될 수 있습니다.

　2. 그 일 혹은 사람과 관련해 경험하는 부정적 정서가 무엇인지 확인합니다. 눈을 감고 그 일 혹은 사람을 회상합니다. 당시에 그 일은 어떤 식으로 일어났으며 어떤 식으로 진행되었는지를 다시 느껴봅니다. 함께한 사람은 어떤 모습을 하고 있나요? 당신은 그때 어떤

옷을 입었고, 어떻게 행동하고, 어떤 말을 하고 있나요?

그리고 그때의 기분은 어땠나요? 기분이 나빴다면 어떻게 나쁜가요? 불쾌한가요? 화가 나나요? 죄책감을 느끼나요? 울고 싶은가요? 당신의 몸은 어떤 반응을 보이고 있는지도 느껴봅니다. 가슴이 두근거리거나 혹은 소름이 돋고 눈물이 날 것 같고 목이 메는 느낌을 받을 수도 있습니다.

3. 이제 천천히 천장 높이까지 올라갑니다. 이 높이에서 부정적 정서를 일으키는 현장의 모습을 내려다본다고 상상합니다. 나는 어떤 모습으로 보이며 표정은 어떤가요? 어떤 소리가 들리나요? 함께한 사람들의 모습이나 표정은 어떠한가요? 그리고 조금 전 사건 현장에 있었을 때와 달라진 점은 무엇인가요?

4. 이번에는 더 높이 올라가, 비행기 높이에서 현장을 내려다본다고 상상합니다. 현장에 있는 자신은 어떤 모습으로 보이며 표정은 어떠한가요? 함께한 사람들의 모습이나 표정은 어떠한가요? 너무 멀고 희미해서 잘 보이지 않거나 들리지 않는가요? 현장에서 볼 때와는 또 어떻게 달라 보이나요? 어쩌면 아예 아무것도 보이지 않을지 모릅니다.

5. 다음으로는, 지구 대기권 밖에서 내려다본다고 상상합니다. 지구가 공처럼 작게 보일 정도로 멀리 갑니다. 그곳에서 지구 속에 있는 자신의 모습을 상상해봅니다. 여기서 또다시 지구가 아예 보이지 않을 만큼 더 멀리 벗어납니다.

이제 나의 모습은 더 이상 보이지 않습니다. 너무 멀리 날아와서 지구조차 보이지 않습니다. 이윽고 문제 상황이 나와는 전혀 상관없는 일인 듯한 기분이 듭니다. 나는 문제 상황과 완전히 분리되었습니다.

6. 심호흡을 하며 우주의 기운을 마음껏 마시고 느껴봅니다. 필요하다면 좋아하는 가수, 좋아하는 꽃을 떠올려 마음의 눈으로 바라봅니다. 마음이 행복해지는 데 도움이 되는 게 있다면 무엇이든 떠올려 느껴봅니다.

7. 이제 다시 지상으로 내려와서 현장 모습이 어떻게 보이는지 살펴봅니다. 그 일은 어떻게 되었으며 함께 있던 사람(들)은 어디에 있고 어떤 모습을 하고 있나요? 당신은 무엇을 하고 있으며 모습은 어떻게 보이나요? 그리고 기분은 어떤가요?

처음의 모습과 어떻게, 얼마나 달라졌는지 살펴봅니다. 처음에 느꼈던 부정적 정서가 여전히 느껴지나요? 아니면 사라졌나요? 처음과 어떤 차이가 있는지를 느껴보고 내면의 소리에 귀를 기울여봅니다. 나는 이제 무엇을, 어떻게 하면 좋을까요?

PART 4

You Can Make a Success

열쇠는
멀리에 있지 않다

한 걸음이 모든 여행의 시작이고,
한 단어가 모든 기도의 시작이다.

하나를 바꾸면 모든 게 바뀐다

인생은 고해苦海지만 눈 돌리면 해탈이라고 했습니다. 굉장히 어렵고 복잡한 문제라고 생각했는데 아주 작은 실마리 하나로 쉽게 해결해본 경험이 누구나 몇 번쯤 있을 것입니다. 쉬운 예를 들어보겠습니다.

어두운 방 안에서 중요한 물건을 찾으려 하면 아무것도 보이지 않습니다. 여기저기 더듬어 찾는 동안 가구나 다른 물체에 부딪히기도 하고 넘어지기도 합니다. 이때 필요한 것은 단 하나, 스위치입니다. 방의 조명을 켜는 스위치 하나만 있으면 됩니다.

우리의 삶을 밝히는 데에도 '스위치'가 필요합니다. 지금 이 순간 삶의 어둠 속에서 스위치를 찾지 못한 채 허공에 팔을 휘젓고 있지는 않은가요? 스위치 하나만 찾으면 되는데, 이 스위치를 켤 줄 몰라 바로 옆에 값진 보물이 있는지 없는지조차 모른 채 헤매고 있지는 않은지 되돌아볼 일입니다.

'삶의 스위치'를 찾을 수 있어야 합니다. 이 스위치는 우리 삶을 밝혀줄 무엇 하나입니다. 한 가지에만 제대로 집중해도 삶은 크게 달라집니다. 아니, 단순히 달라지는 수준에서 그치는 게 아니라 그것으로 인해 내가 죽을 수도 살 수도 있습니다. 지금의 상황에서 벗어나고픈 당신에게 필요한 건 바로 그 '한 가지'일 것입니다.

이 한 가지는 우리 앞에 걸림돌과 디딤돌의 형태로 나타납니다.

| 걸림돌, 짐은 내려놓고 떠나자

걸림돌은 우리의 어깨를 무겁게 짓누를 것이고, 디딤돌은 새로운 날개를 달아줄 것입니다.

디딤돌은 나의 장점을 한 단계 업그레이드함으로써 우리가 늘 바라마지 않았던 목표 달성과 비전 성취, 성공을 거머쥘 수 있게 해주는 삶의 핵심요소를 뜻합니다. 그런 반면에 걸림돌은 '이런 점 하나만 없어진다면 내 인생은 완전히 달라질 텐데……'라고 생각해 왔던 그 무엇입니다. 이 걸림돌 하나만 제거해도 삶은 놀랄 만큼 달라집니다. 예를 들어 술·담배·도박 같은 나쁜 습관이나, 조급증·소심증·우울증 같은 마음의 문제, 혹은 대인관계에서 문제가 되는 특정한 행동 패턴 따위가 걸림돌이 될 수 있습니다.

문제는 걸림돌이 그냥 없어지지 않고 디딤돌 또한 그냥 생기지 않는다는 데에 있습니다. 삶의 변화는 막연히 생각만 한다고 해서 일어나지는 않습니다. 변화에의 굳은 의지와 구체적인 목표가 있고, 그 목표에 집중해 실천할 때 진정한 변화가 이뤄집니다.

성공의 토대가 될 디딤돌은 나의 장점, 즉 비교우위에 있는 능력에서 찾을 수 있습니다. 마찬가지로 걸림돌 찾기는 나의 단점, 혹은 성공을 위해 꼭 없애야 할 성격, 습관, 행동 등을 제3자의 입장에서 생각해보는 방법이 가능할 것입니다.

그러면 지금부터 나의 걸림돌을 확인하고 그것을 없애는 과정에 대해 살펴보겠습니다만, 그 전에 어떤 차원의 무엇을 변화시킬 것인가부터 생각해보겠습니다. 그중에서 가장 핵심적인 변화 요소를 찾아 변화를 시도하는 것이지요.

우리의 삶을 몇 가지 영역으로 나눠보면 개인, 가정, 직업, 사회, 건강, 종교 등이 있습니다. 각 항목을 좀 더 자세히 설명하자면 아래와 같습니다.

개인 – 성격, 신체적 특성, 취미, 행동이나 습관 등 개인적인 삶의 영역

가정 – 부부, 부모와 자식, 형제 등 가족관계나 가정의 경제적 환경

직업 – 직업 자체, 직장 내 업무, 직장 내 환경이나 인간관계 등 직장생활과 관련되는 것

사회 – 사회적 인간관계, 사회 참여 등 사회적인 역할, 책임과 관련되는 것

건강 – 체력, 정신건강, 집중력, 정서적 안정과 자신감 등 신체적·정신적 건강과 관련되는 것

종교 – 종교적 신념이나 신앙생활 등 종교 생활의 영역

위 항목과 관련해 만족하지 못하는 삶의 영역이나 내용이 있다면, 그래서 변화가 필요하다면 그것은 무엇일까요? '그것'에 대해 구체적으로 생각해보는 것만으로도 바람직한 방향의 삶의 변화에 크게 도움이 될 것입니다.

삶의 영역 중 당신이 만족을 느끼지 못하는 요소를 떠올린 다음 그 내용을 적어보기 바랍니다. 아마도 소심한 성격, 음주습관 같은 개인적 문제에서부터 업무능력 부족, 원만하지 못한 대인관계 등 다양한 문제점이 떠오를 것입니다.

물론 이 모든 것을 한 번에 다 바꿀 수는 없습니다. 아니, 한 번에

다 바꿀 필요도 없습니다. 이 또한 가치의 우선순위를 정할 때와 마찬가지로 우선순위를 정해 가장 중요하다고 여겨지는 한 가지, 즉 핵심적인 걸림돌부터 바꾸면 됩니다. 이 순위는 전적으로 주관적인 기준에 따라 정할 수밖에 없습니다만, '쉬운 게 먼저가 아니라 중요한 게 먼저'라는 사실만큼은 꼭 유념하기 바랍니다.

1. 나의 걸림돌이 무엇인지 확인합니다. 예를 들어 내성적인 성격, 열등감, 게으름, 미루는 습관, 급한 성격, 부족한 어학 실력 등 일일이 나열하기 어려울 정도로 많습니다. 그중 당신의 가장 핵심적인 걸림돌이 무엇인지 아래에 적습니다.

나의 핵심적인 걸림돌 _____

2. 걸림돌을 없애기 위해서는, 걸림돌 때문에 손해 본 일을 떠올리는 것에서부터 접근하면 효과적입니다. 그것이 바로 걸림돌을 없애야 하는 이유가 될 테니까요. 예를 들어 '소극적인 성격'이 가장 큰 걸림돌이라면, 소극적인 성격 때문에 해외근무를 지원하지 않았고 결과적으로 승진의 기회를 놓쳤다, 라는 손해를 봤을 수도 있습니다. 나의 걸림돌 때문에 어떤 손해를 봤는지 떠올려봅니다.

3. 동시에 걸림돌이 아니었다면 가능했을 일에는 또 무엇이 있을

까요? 예를 들어, 소극적인 성격이 아니었다면 해외근무가 가능했다, 등의 대답이 가능할 것입니다. 이런 점들을 마음속으로 떠올리거나 종이 위에 적습니다.

4. 앞으로 걸림돌이 사라지거나 제거된다면 내 인생이 어떻게 바뀔지, 또 어떤 일이 생길지도 생각해보기 바랍니다. 앞에서 적은 '나의 핵심적인 걸림돌'이 사라진다면 내게는 어떤 좋은 일들이 생길까요? 그것을 떠올려보기 바랍니다.

5. 자신의 걸림돌에 대해 이해했다면 이제는 그것을 없앨 차례입니다. 이때, 가장 중요한 것은 목표시한과 실천을 위한 구체적인 방법을 정하는 일입니다. 예를 들어, 소극적인 성격을 없애는 것을 목표로 삼았다면 3개월, 6개월 정도로 목표시한을 정하고 아래와 같은 실천방법을 정합니다.

- 매일 최소한 두 명의 낯선 사람에게 먼저 인사를 건네고 반드시 답례를 받도록 한다.
- 일주일에 최소한 두 번 이상 별로 친하지 않은 사람과 만나서 30분 이상 대화를 나누고 그중 한 명과는 식사를 함께 한다.
- 동아리 모임을 만들어 리더 역할을 맡는다.

이런 식으로 시한과 실천법을 정하면 되는데, 실천 목표가 달성되었음을 확인할 수 있는 방법이나 근거를 미리 정해두는 게 좋습니다. 특히, 자격증 취득처럼 성과가 객관적으로 드러나는 경우가 아니라면 더욱 그렇습니다. 본인이 소극적 성격을 버렸는지 어떤지 판단하기가 애매할 수 있기 때문입니다. 목표시한 이후에 주위의 지인들 대여섯 명에게 자신의 성격이 '소극적인지 적극적인지' 물어보고 판단하는 것도 하나의 방법일 것입니다.

걸림돌을 없앨 때에는 걸림돌이 사라진 후 변화된 모습을 상상하는 게 아주 큰 도움이 됩니다. 자신의 모습이 과거와 어떻게 달라졌는지, 표정이나 행동, 다른 사람들이 당신을 대하는 방식은 또 어떻게 달라졌는지를 미리 떠올려보는 것입니다.

이러한 과정을 통하면, 자신도 모르게 잠재의식 차원에서의 변화를 이끌어낼 수 있습니다. 진정한 변화를 가져오는 데에는 의식보다는 잠재의식 차원의 상상과 집중의 힘이 훨씬 큽니다. 그렇기 때문에 마음속으로 원하는 것에 대해 반복적으로 상상하고, 미래에 이루어지기를 바라는 일이 실제로 이루어진 듯한 이미지를 떠올리는 연습은 성공을 이루는 데 큰 도움이 됩니다. 이것은 일종의 이미지 트레이닝이라고 할 수 있습니다.

| 디딤돌, 내가 잘하는 것을 더욱 잘하기

삶의 디딤돌은 남보다 뛰어난 '그 무엇'을 말합니다. 사람들은 누구나 자기만의 디딤돌을 갖고 있지만 자신의 디딤돌을 인식하지 못하거나, 인식은 하더라도 그 가치를 깨닫지 못해 손해를 보기도 합니다. 자신의 디딤돌을 제대로 개발하지 못하고 활용하지 못하는 것이지요. 하지만 나의 디딤돌을 찾고 개발해서 활용한다면 그것만으로 삶 전체가 바뀔 수도 있습니다.

심리적 차원의 디딤돌로서는 자신감, 자부심, 용기, 신념, 도전정신, 인내력, 목표의식, 긍정적 사고와 태도 등이 있으며, 행동적 차원의 디딤돌로는 솔선적 행동, 신체적 능력 등을 꼽을 수 있습니다. 이 외에 자신만의 차별화된 능력 또한 디딤돌이 될 수 있습니다.

위대한 업적을 이룬 사람들은 대부분 자신의 디딤돌을 극대화시켜 성공했습니다. 예를 들어 야구의 박찬호 선수나, 축구의 박지성 선수는 운동 실력 하나로 해당 스포츠의 종주국에서 한국인의 위상을 드높였고, 성악가 조수미는 목소리 하나로 세계에 이름을 떨쳤습니다. 컴퓨터 바이러스 프로그램으로 큰 성공을 거둔 안철수 교수 역시 개인의 탁월한 능력으로 한 가지에 집중해 성공한 경우였습니다.

이처럼 유명한 사람들이 아닌, 우리 주위의 평범한 사람들 중에도 한 가지 능력으로 크게 성공한 이들은 적지 않습니다. 쉬운 예로, 음식 한 가지만 특출하게 맛있어도 식당 문턱이 닳을 정도로 장사가 잘되는 경우를 흔히 볼 수 있습니다.

디딤돌의 개발은 기본적으로 내가 자신 있는 것, 내가 잘하는 것을 더욱 잘할 수 있도록 노력하는 데 있습니다. 나의 장점을 살려 성공의 디딤돌로 삼는 것이지요. 그렇다면 나의 디딤돌은 어떻게 활용할 수 있을까요? 기본적인 요령은 '걸림돌 없애기'와 똑같습니다.

1. 나의 디딤돌은 무엇일까요? 예로는 용기, 자신감, 성실성, 긍정적 사고, 도전정신, 친화력, 어학능력, 체력, 직업적 능력 등을 꼽을 수 있습니다.

나의 디딤돌 _____

2. 다음으로는, 지금까지 디딤돌을 활용하지 못했거나 개발하지 못했다면 무엇 때문이었는지를 생각해봅니다. 자신감이나 도전정신이 강하다는 장점에도 불구하고 그것을 제대로 활용하지 못했을 수 있고, 매우 성실하지만 뚜렷한 목표 없이 허송세월을 했을 수도 있습니다.

3. 디딤돌을 활용했다면 가능했을 일에 대해 생각해보는 단계입

니다. 자신의 장점이라고 할 만한 게 떠오른다면 그것을 제대로 살렸을 경우의 효과도 어렵지 않게 생각해낼 수 있습니다. 이것을 머릿속에 떠올리거나 종이에 적습니다.

4. 마지막으로, 디딤돌을 제대로 활용하면 인생이 어떻게 바뀔까를 생각해본 다음에 목표시한과 실천을 위한 구체적인 방법, 목표가 달성되었음을 확인할 수 있는 근거를 종이에 적습니다.

그리고 걸림돌을 없앨 때와 마찬가지로, 디딤돌을 세운 후의 당신 모습이나 주변 상황, 새롭게 생길 일들에 대해 마음속으로 상상합니다. 이것은 성공 이미지를 잠재의식에 새기는 과정이라 할 수 있습니다.

그런데 디딤돌이 성공의 수단이 될지언정 여전히 험로는 남아 있습니다. 나는 할 수 있다, 라는 믿음을 가지고 성공을 향해 한 걸음 한 걸음 내딛어야 합니다. 성공에의 확신을 가지고 노력하는 한 성공의 가능성은 더욱 높아질 것입니다. 성공에 대한 믿음이 그 자체로 성공을 끌어당기는 것입니다.

얼 나이팅게일은 '인생에서 가장 신비스러운 일은 바로 우리가 생각한 대로 모든 것이 이루어진다는 사실이다'라고 했음을 기억하기 바랍니다.

사람들은 자신의 삶이나 일에 만족하지 못하고 늘 새로운 변화를 꿈꿉니다. 현재 하고 있는 일에서 별다른 재미나 흥미를 느끼지 못하기 때문일 수도 있고, 돈과 명예 같은 세속적인 욕망을 충족시키기 위해 변화를 갈망하기도 합니다. 치열하게 살아오지 못했던 세월에 대한 반성으로 완전히 바뀐 삶, 새로운 삶을 꿈꾸는 사람들도 있을 것입니다.

그런데, 이처럼 적극적인 변화를 마음에 두지 않더라도 누구나 한번쯤 '지금보다 더 크게, 더 잘될 수 있지 않았을까?'라는 생각을 품습니다. 지금보다 더 잘될 수도 있었는데 좋은 기회를 놓친 것은 아닐까 하는 후회나 의심 말입니다.

하지만 새로운 변화라는 것은 결코 쉽지 아니므로, 스트레스와 좌절감을 느끼면서도 어제와 크게 다를 바 없는 오늘을 살아가는 게 우리들 보통 사람들의 서글픈 일상일 것입니다.

가슴에 손을 얹고 현재의 삶을 생각해보기 바랍니다.

지금 자신의 삶에 만족하세요?

지금 당신은 행복한가요?

성공적인 삶을 살고 있다고 생각하세요?

이 세 가지 질문에 진정으로 '그렇다'라고 대답할 수 있다면 당신이 해야 할 일은 현재의 삶을 그대로 지속하는 일일 것입니다. 현재의 삶에 만족하고, 행복을 느끼며, 성공적이라고 느끼는데 이보다 더 나은 삶은 있을 수 없기 때문입니다.

　만약 그렇지 않고 현재 만족스럽지 못하다거나, 행복하지 않다거나, 성공과는 거리가 먼 삶을 살고 있다면 우리는 변화해야 합니다. 걸림돌을 없애고 디딤돌을 놓아야 하는 것도 결국은 긍정적인 방향으로의 삶의 변화에 그 목적이 있다고 하겠습니다.

　나의 걸림돌, 디딤돌이 무엇인지 감이 잘 오지 않는다면 지난 세월과 스스로의 내면을 곰곰이 들여다보기 바랍니다. 삶의 대부분의 일들이 으레 그러하듯이 답은 '내' 안에 있게 마련입니다. 이와 관련해 마냥 웃을 수만은 없는 에피소드를 하나 들려드리겠습니다.

♠　♠　♠

　어느 날 밤 술에 취한 한 남자가 희미한 가로등 아래서 무언가를 열심히 찾고 있었습니다. 그때 지나가던 행인이 무엇을 하느냐고 물었습니다. 남자는 잃어버린 열쇠를 찾는데 그것이 없으면 집에 갈 수 없다고 말했습니다. 그래서 행인은 자기도 도와주겠다며 함께 열쇠를 찾기 시작했지만, 한참을 찾아도 발견할 수 없었습니다.

　행인이 남자에게 물었습니다.

　"정말 이곳에서 잃어버린 게 맞습니까? 여기는 아무리 찾아도 없는걸요. 저녁 때 마지막으로 들렀던 곳이 어디입니까? 처음부터 차근차근 생각해보시죠."

"친구들과 식당에서 저녁식사를 했지요. 그런 다음 술을 마시고 기분 좋게 취해서 걸어 나왔는데……. 아! 저 길 건너편에서 열쇠를 떨어뜨린 것 같아요."

"아니, 그럼 왜 여기서 찾고 계세요? 저쪽에서 찾아야죠."

"여기가 제일 밝잖아요."

내가 무엇을 잃어버렸고, 또 무엇을 놓친 채로 살고 있는지 스스로에게 묻고 답해보기 바랍니다. 내가 '문제'를 만든 장본인이니 답을 알고 있을 이 또한 바로 나일 것입니다. 우리의 삶을 변화시킬 성공의 열쇠를 우리는 이미 갖고 있을지도 모르겠습니다. 다만, 어디에 있는지 모르고 또 사용하지 않을 뿐이지요.

보는 사람이 꽃이면
보이는 것도 꽃이다

사람들은 어떠한 사건이나 경험으로 인해 상처를 받고, 또 세월이 흐른 다음에도 예전의 기억 때문에 고통을 호소하곤 합니다. 그런데, 성공의 관점에서 사건이나 경험 자체는 큰 의미가 없습니다. 경험은 경험일 뿐이고, 중요한 것은 그 경험을 우리의 마음이 어떻게 여기고 평가하는가입니다. 다시 말해, 어떤 사건 자체가 부정적이거나 두려운 게 아니라 우리의 마음이 그것을 부정적으로, 혹은 두렵게 보는 것뿐입니다.

불교계의 큰스님이었던 성철 스님은 '산은 산이고, 물은 물이다'라는 유명한 말을 남겼습니다. 이 말은 산이나 물은 그 자체로 존재

할 뿐인데, 사람들이 나름대로 주관적인 의미를 부여하는 것에 불과하다는 가르침일 것입니다. 요컨대, 사람들은 어떤 경험이나 사건을 바라볼 때 있는 그대로 바라보기보다는 제 편한대로 해석하려는 경향이 있습니다. 자신의 입장에서 크게 벗어나지 못하는 것인데, 마치 우물 안 개구리의 하늘 보기와도 같다고 할 수 있습니다.

이때, 주관적인 관점에서 사건을 해석하는 기준이 되는 게 바로 '맥락'입니다. 따지고 보면 동일한 사건이나 일이라도 그것 자체로서 이해되기보다는 반드시 어떤 맥락 속에서 의미가 덧씌워지곤 합니다. 즉, 모든 경험의 실질적인 의미는 맥락에 따라 결정된다고 할 수 있습니다.

만약 그렇다면, 그 맥락을 바꿔서 사물을 바라보거나 해석하게 되면 의미도 함께 변화하지 않을까요? 그렇게 하는 것을 관점 바꾸기, 달리 말해 프레임 바꾸기reframing라고 합니다.

관점 바꾸기는 사건을 바라보는 방식을 바꿔 그에 대한 반응과 행동을 바꾸는 기법으로 브레인스토밍 같은 대부분의 창조적 사고의 기초가 됩니다. 여기에는 크게 두 가지 형태가 있는데, 맥락 관점 바꾸기와 의미 관점 바꾸기가 그것입니다.

| 맥락 관점 바꾸기와 의미 관점 바꾸기

맥락 관점 바꾸기는 다른 상황과 비교해 상대적으로 유리한 맥락으로 바꾸어 해석하는 경우를 말합니다. 특정 행동이나 반응이 자신에게 불리한 여건에서 일어나 못마땅하거나 불만스러운 경우 그 행동·반응의 맥락 자체를 바꿀 수 있습니다. 못마땅하거나 불만인 일은 대부분 '너무 ~하다'는 식으로 표현되는데, 그것의 맥락을 바꾸어 다른 의미로 받아들이는 것입니다.

'완벽을 추구하는 성격이라서' 고민이라고 말하는 남자를 예로 들자면 이렇습니다. 그는 자신의 이 표현에서 완벽을 추구하는 성격이 장점인 상황은 제쳐둔 채 모든 상황이나 맥락에서 문제가 되는 식으로 생각하기 쉽습니다. 이를 일반화의 오류를 범했다고 표현하기도 합니다.

그런데 맥락이 달라지면 어떻게 될까요? 실제로 그의 행동은 불리하게 평가될 수 있는 상황을 벗어나면 오히려 좋게 평가되거나 장점으로 인식되는 경우도 많습니다. 적당하게 느슨한 행동이 허용되는 관계에서나 완벽한 성격이 흠이 되겠지만, 중요한 업무 상황이나 어떤 일을 완벽하게 마무리해야 하는 상황(그에게는 유리한 맥락)에서는 큰 장점이 될 것입니다.

한편으로, 의미 관점 바꾸기는 동일한 행동이나 문제가 전혀 다른 의미(특히 긍정적인 의미)를 가질 수 있음을 전제하고, 그렇게 해석하고 받아들이는 것입니다.

일반적으로 문제 행동이나 상황은 부정적으로 받아들여집니다. 예를 들어 자신의 행동에 대해 '성격이 급하다'로, 신체적 조건에 대해 '뚱뚱하다'로, 성격에 대해 '소극적이다', '자신감이 없다' 등으로 스스로를 평가하면서 불만을 느끼는 사람들이 적지 않습니다. 이러한 표현은 자신의 행동이나 상황을 불리하게 그리고 나쁜 쪽의 의미로 받아들이고 해석한 결과입니다.

그런데, 위와 같은 문제 행동이나 상황을 다른 의미로 받아들이고 해석한다면 어떻게 될까요? 아래처럼 말입니다.

- 성격이 급하다 → 적극적이다, 활발하다, 남의 눈치를 보지 않는다
- 뚱뚱하다 → 건강하다, 신체의 영양 상태가 좋다, 에너지가 풍부하다
- 소극적이다 → 신중하다, 사려가 깊다, 좀처럼 실수하지 않는다
- 자신감이 없다 → 겸손하다, 남을 무시하지 않는다, 솔직하다
- 대인관계에 서투르다 → 남을 배려한다, 솔직하다, 순수하다, 가식적이지 않다, 사람들에게 시달리지 않는다

개인에 따라서 이러한 해석이 마음에 들지 않을 수도 있겠지만, 부정적이었던 행동이 좋은 의미로 해석될 때 긍정적인 효과 또한

기대할 수 있습니다. 이렇듯 동일한 행동이나 상황이라 하더라도 그것의 의미를 달리 해석한다면 문제는 더 이상 문제로 남지 않을 것입니다.

만약 어렵고 힘든 상황 또는 자신이 문제로 인식하는 상황에 처했다면 '~해서 좋다'는 화법으로 바꾸어 말한 뒤 그 이유를 들어보기 바랍니다. 이때 맥락 관점 바꾸기나 의미 관점 바꾸기의 논리가 적용될 수 있습니다.

▶ 성격이 급한 내가 싫다

→ 성격이 급한 것은 좋은 일이다. 왜냐하면 매사에 적극적이고 시간을 낭비하지 않으니까. 특히 요즘처럼 바쁜 세상일수록 일을 빨리 처리하는 적극성은 꼭 필요한 덕목이 아닐까?

▶ 가족들의 기대가 너무 부담스럽다

→ 가족으로부터 기대를 받는다는 것은 좋은 일이다. 그만큼 내가 인정받는다는 얘기니까. 내 친구들은 집에서 인정받지 못해 소외감을 느끼거나 무시당하는 일이 많아서 살맛이 안 난다고 하는데 말이다. 내게는 가족들이 기대할 만큼의 능력이 있으니, 적어도 그 사실만큼은 참 다행스럽다.

▶ 이번 프로젝트도 실패해 실망이 크다

→ 실패를 한다는 것은 좋은 일이고, 그 실패에 대한 실망은 더욱 좋은 일이다. 왜냐하면 실패는 성공의 어머니이기 때문이다. 사실 에디슨을 비롯해 큰일을 한 사람들은 대부분 실패 경험이 풍부하다는 공통점이 있다. 문제는 그 실패를 어떻게 받아들이고 해석해 앞으로의 발전을 위한 디딤돌로 삼느냐는 점이다. 실패는 또 한 번의 시련에 불과하다. 예전의 실패와 마찬가지로 이번의 실패 또한 이겨내야 한다.

| 관심의 초점을 바꾸어 문제 해결하기

문제 해결의 열쇠는 생각지도 못한 가까운 곳에 있을지도 모릅니다. 더없이 어려운 상황처럼 보여도 문제 해결의 원리만 제대로 안다면 문제는 뜻밖에 쉽고 간단하게 풀릴 수 있습니다.

그 같은 문제 해결의 원리와 방법 중 하나가 관심의 초점을 바꾸는 것입니다. 문제를 바라보는 관심의 초점을 바꾸는 것, 그것만으로도 문제에 대한 인식이 바뀌면서 문제가 해결되거나 사라지는 효과를 볼 수 있습니다.

문제를 안고 있는 사람들은 대개 문제 자체에 지나치리만큼 관심을 집중하는 경향이 있습니다. 특히 불안증이나 공포증을 가진 사람은 그런 경향이 더욱 강해 본인 스스로 불안이나 공포에 더욱더 빠져듭니다. 예를 들어 벌레를 극도로 무서워하는 사람은 벌레만 보면 그 벌레가 얼마나 크고 징그러우며, 벌레에게 물리면 얼마나 따가울지를 연상합니다.

이때 한 발자국만 뒤로 물러서서 문제 상황을 바라보면 어떨까요? 관심의 초점을 조금 넓혀서 주변의 상황을 살피는 것입니다. 사람과는 비교조차 안 되는 크기의 벌레는 잡으면 그만이라는 사실, 그리고 벌레 또한 나를 무서워할 것이라는 점을 마음에 그려볼 수 있다면 두려움이 한결 가실지도 모릅니다.

문제의 해법이 보이지 않을 때 의도적으로 관심의 초점을 바꾸게 되면 뜻밖의 실마리를 찾을 수도 있습니다. 또 다른 사례를 하나 들어보겠습니다.

♠ ♠ ♠

중소기업을 운영하는 40대의 김영식 사장은 대인불안의 문제로 어려움을 겪고 있었습니다. 비록 그는 사장이지만 회의자리에서 부하직원들에게 훈시를 하거나 업무를 지시할 때 마음이 불안해져 목소리가 떨리는 등 제대로 말을 하지 못했습니다. 그래서 꼭 필요한 사업상 업무가 아니면 많은 사람들이 모이는 곳이나 새로운 사람을 만나는 일을 피했습니다.

그렇게 하다보니 불편한 점이 한두 가지가 아니었습니다. 문제를 해결하기 위해 다방면으로 노력해보았지만 뚜렷한 성과를 거두기는 어려웠습니다. 돌이켜보면, 초등학교 시절 국어시간에 책을 읽다가 잘못 읽어 선생님께 야단맞고 급우들에게 창피당한 적이 있었는데, 그 이후 발표불안 내지 대인불안이 생긴 듯했습니다. 어떻게 보면 아무것도 아닌 일인데, 왜 불안이 가시지 않는지 본인 입장에서는 답답하기 그지없었습니다.

김영식 사장은 '지금 이 순간'에도 과거의 기억에 관심의 초점이 맞춰져 있는 듯했습니다. 여기에 저는 과거 대신 현재 순간으로 관심의 초점을 바꿀 것을 제안했습니다. 그러면서 한 가지 방법을 일러주었습니다.

그 방법은, 직원들에게 연설이나 훈시를 할 때마다 참석 예정자들 중에서 가장 편안하게 느껴지는 세 명을 골라 가운데 자리에 앉히는 것이었습니다. 그리고 회의 자리에서 그 세 명에게 집중하면서 마치 그들에게 말하듯이 연설을 하도록 했습니다. 더불어, 그 세 명에게 미리 협조를 구해 자신이 연설할 때 맞장구를 치거나 호응하는 표정을 보이도록 했습니다.

처음 이 방법대로 실천했을 때는 상당히 어색했다고 합니다만, 편안한 직원들에게 집중해 연설하는 노력을 계속한 결과 상태는 차츰 호전되었습니다. 마침내는 전체 직원들 앞에서도 자연스럽게 말할 수 있게 되었고 낯을 가리는 성격도 바꿀 수 있었습니다.

과거의 경험은 시간과 함께 사라지는 게 아니라, 현재의 마음이나 정서 그리고 행동에 영향을 미칩니다. 특히 상처가 되는 과거의 경험은 현재의 삶에서 문제를 일으키기도 하는데, 이때 관심의 초점을 현재로 바꾸면 많은 도움이 됩니다.

이와는 반대로, 현재의 초점을 과거나 미래로 바꿀 수도 있습니다. 예컨대, 현재 어떤 문제로 힘이 드는 사람들은 과거에 성공했던 경험에 초점을 둠으로써 용기가 생기고 문제를 헤쳐 나갈 힘을 얻을 수 있습니다.

지금 아무리 힘들고 어려운 상황에 놓였더라도 과거에 성공하거나 성취했던 경험이 전혀 없는 사람은 없을 것입니다. 그렇기에 과거의 성공 경험에 집중할 수 있다면 그 일에 대한 정서나 마음의 태도를 현재로 옮겨 다시 경험할 수 있습니다.

미래에 성공할 것을 마음속에 그리는 것 역시 같은 효과가 있습니다. 일례로, 큰 시험을 앞두면 누구나 불안을 경험합니다. 시험 결과가 원하는 대로 나오지 않을 경우를 생각해 미리 걱정하는 마음 때문입니다. 이처럼 미래에 일어날 어떤 일이 잘못될 것으로 짐작해 미리 걱정하는 것을 예상불안이라고 합니다. 예상불안은 부정적인 미래상을 현재 차원에서 경험하는 것으로, 미래의 현재화라고 할 수 있습니다.

이렇게 본다면 예상불안은 바람직하지 못한 것일 텐데, 그와는 반대로 현재 자신이 추진하거나 원하는 일이 미래에 실제로 이루어지고 성공한다고 상상해 그것을 현재에 느낄 수 있다면 긍정적인 효과를 얻을 수 있습니다. 즉, 시험성적이 좋게 나와서 합격하거나 인정받는 상상을 하는 것이지요.

미래를 보다 긍정적인 차원에서 현재화해 경험할 수 있다면 더 이상 불안감이 설 자리는 없을 것입니다.

03

신념은 행동을 지배하고
기억을 조정한다

사람들은 사실에 근거한 물리적 세계에 대해서는 확실한 신념
을 가지고 행동하는 경향이 있습니다. 예를 들어, 불은 타는
성질이 있으며 만물은 중력의 지배를 받는다는 사실에 대해 확실한
신념을 가지고 있기에 불 속에 손을 집어넣거나 절벽 위에서 걷는
위험한 짓은 하지 않습니다.

또한 본인뿐 아니라 타인에 대한 신념도 갖고 있으며, 그 신념에
따라 인간관계를 형성하고 유지합니다. 문제는, 이들 신념 중에는
옳은 것도 있지만 옳지 않거나 비생산적인 것도 많다는 점입니다.
만약 옳지 않거나 비생산적인 신념을 그대로 둔다면 그것은 내내 우리의 성공을 가로막고 또 우리를 힘들게 할 것입니다.

신념은 자신의 경험에 부여하는 의미에 기초해 일생을 통해 만들어집니다. 사람들은 자라면서 의미 있는 타인들, 특히 부모나 선생님을 본받으면서 신념을 형성합니다. 또한 예기치 못한 갑작스런 충격, 갈등 또는 혼란을 경험하는 가운데 신념이 형성되며, 어릴수록 신념이 쉽게 형성되는 경향이 있습니다.

사소한 습관의 반복에 의해 신념이 형성되기도 하는데, 마치 바위를 뚫는 물과 같이 지속적으로 특정 경험이 반복될 때 그와 관련한 신념이 형성되는 것입니다.

| 할 수 없는가? 하고 싶지 않은가?

버릇이나 습관과 마찬가지로 신념도 무의식에 자리를 잡습니다. 그런 다음 사람의 행동을 지배하고 조종하게 되지만, 무의식적인 것이기에 쉽게 감지되지는 않습니다. 그저 '나는 이러이러하게 믿는다'라고 여길 뿐 그것이 무의식에 정착된 일종의 프로그램이라는 사실을 깨닫지 못하는 것입니다.

요컨대, 한번 형성된 신념은 특별한 계기가 없는 한 변하지 않고 평생 동안 개인의 삶을 지배합니다. 따라서 개인의 행동을 이해하고자 할 때는 행동뿐 아니라 그 행동을 일으킨 신념을 파악할 필요가 있습니다. 잘못된 신념으로 인해 잘못된 행동을 했다면, 그 행동 자체보다는 '신념'의 죄질이 더욱 나쁠 수 있으니까 말입니다.

일반적으로 신념은 다음과 같은 형태로 표현됩니다.

- 나는 ○○를 할 수 있다.
- 나는 ○○를 할 수 없다.
- 나는 ○○를 해서는 안 된다.
- 나는 반드시 ○○를 해야 한다.

위 항목에 해당하는 자신의 신념을 하나씩 떠올려보기 바랍니다. 그중 '나는 ○○를 할 수 없다'와 '나는 ○○를 해서는 안 된다'로 표현되는 신념 때문에 행동 면에서 제약받는 것처럼 느껴지는 게 있습니까? 그러한 신념이 있다면 그것이 나의 성공을 가로막는 걸림돌이 될 수 있습니다.

예를 들어 '나는 사업을 해서는 안 된다'라는 신념을 가지고 있다면 그 자체로 내 삶의 운신 폭은 상당히 줄어들 것입니다. 그러한 신념이 있다면 스스로에게 아래와 같이 물어봅니다.

- 이 신념은 왜 나를 방해하는가?

- 그럼에도 불구하고 만약 그것을 한다면 어떻게 될까?

- 정말로 할 수 없는가? 하고 싶지 않은가?

만약 당신이 '나는 반드시 ○○를 해야 한다'는 신념이 있다고 해서 부적절한 상황에서 무턱대고 행동하겠다고 한다면 그것 또한 문제가 될 수 있습니다. 여러 여건상 실제로 할 수 없는 경우도 있게 마련이기 때문입니다. 막힌 길은 돌아가야 하듯이 여건상 불가능할 때는 다른 방식으로 움직이는 여유도 필요합니다.

이 상황에서는 '반드시 ○○를 해야 한다'고 하는 대신 다르게 할 수 있는지를 찾아볼 수 있어야 합니다. 그리고 만약 대체방안이 있다면 신념을 바꾸는 게 좋습니다. 신념 또한 하나의 프로그램인 이상 바꾸지 못할 신념은 세상에 없습니다.

그리고 이왕 신념을 바꿔야 한다면 자신에게 도움이 되고, 긍정적이며 생산적인 삶에 기여하는 신념으로 대체하기 바랍니다. 물론 새로운 신념이 자신의 정체성과 일치하는지도 확인해야 할 것입니다. 때에 따라서는 어쩔 수 없이 자신의 신념을 배신해야 하는 경우도 생기기 때문입니다.

| 부정적인 신념 대체하기

부정적인 신념을 바꿀 때에는 스스로에게 '현재의 이 신념이 나에게 어떤 영향을 주는가?', '나는 어떤 다른 신념을 가져야 하는가?'라는 질문에 먼저 답해보는 게 좋습니다. 습관을 바꿀 때와 마찬가지로 내 자신부터 납득을 시키는 것입니다.

그리고 새로운 신념에 대해서는 아래와 같은 질문을 스스로에게 던져 방향을 잡으면 됩니다. 여기에 답하는 과정에서 우리는 과거의 부정적인 신념 또는 제한적 신념을 없애고 새로운 '파워 신념'을 품게 될 것입니다.

- 새로운 신념으로 인해 나의 삶이 어떻게 더 나아질까?
- 새로운 신념으로 인해 나의 삶이 어떻게 더 나빠질까?
- 이전의 신념을 계속 유지한다면 가장 좋은 일은 무엇인가?
- 새로운 신념 때문에 일어날 일 중 가장 좋은 일은 무엇인가?

이상의 질문에 대해 충분히 생각했다면 이제 부정적인 신념을 없애고 새로운 신념으로 대체합니다. 평소에 갖고 있던 제한적 신념이 있다면 그것이 무엇인지를 확인합니다. 제한적 신념이란 스스로의 발전을 저해하며 삶에 아무런 도움이 되지 않는 비생산적이고

부정적인 신념입니다.(159쪽 참고)

1. 내게 '제한적 신념'이 있다면 무엇인가요? 그 신념을 생각하거나 마음속으로 말하게 되면 어떤 영상이나 이미지가 떠오르나요?

2. 과거 한때는 옳았거나 사실이었지만 지금은 더 이상 타당하지 않은 신념이 있나요? 그것을 '옛 신념'이라고 한다면 어떤 게 있을까요? 예를 들어 한때 애연가였더라도 현재 담배를 끊었다면 더 이상 자신을 애연가라고 생각하지 않을 것입니다. 그런데도 스스로를 여전히 애연가라고 여긴다면 이것은 타당성이 없는 '옛 신념'이 됩니다. 또한, 결혼 전에는 스스로 미혼이라고 생각했겠지만 결혼한 이후에는 더 이상 그렇게 생각하지 않을 것입니다. 따라서 이미 결혼을 한 현재 시점에서 자신을 미혼이라고 생각하는 것 역시 '옛 신념'이 됩니다.

이 같은 옛 신념을 떠올릴 때 마음속에 어떤 영상이나 이미지가 떠오르나요?

3. 1단계의 제한적 신념과 2단계의 옛 신념의 이미지를 비교해봅니다. 차이가 있나요? 차이가 나는 요소를 최소한 두 가지 이상 확인하고 그 차이점을 느껴봅니다.

그리고 이때 차이가 나는 요소(이미지)를 2단계 옛 신념의 이미지로 대체합니다. 이렇게 함으로써 제한적 신념은 이제야 버려야 할, 옛 신념처럼 느껴지게 될 것입니다.

4. 1단계에서 확인한 제한적 신념에 대해 어떤 생각이 드나요? 그 신념이 여전히 타당하게 느껴지나요?

5. 이번에는 새로운 신념을 만들 차례입니다.

지금 현재 절대적인 사실에 해당하는 신념을 생각할 수 있나요? '내일도 태양은 떠오른다'와 같은 신념 말입니다. 이것은 일종의 보편적 신념입니다. '인간은 언젠가 죽는다'도 마찬가지입니다. 그와 같은 절대적인 신념 한 가지를 떠올립니다. 그 신념을 생각할 때 떠오르는 영상이나 이미지를 느껴봅니다.

6. 1단계에서 확인한 제한적 신념과는 반대되면서 당신이 궁극적으로 갖고 싶은, 새롭고 긍정적인 신념이 있다면 그것은 무엇입니까? 그 신념을 '파워 신념'이라고 하고 그것을 생각할 때 마음속에 어떤 영상 또는 이미지가 떠오르나요?

7. 5단계와 6단계의 이미지를 비교해봅니다. 차이가 있나요? 차이

가 나는 요소를 최소한 두 가지 이상 확인하고 그 차이점을 느껴봅니다. 그리고 이때 차이가 나는 요소(이미지)를 6단계에서 정한 파워 신념 이미지로 대체합니다.

8. 6단계에서 확인한 새로운 파워 신념에 대해 어떤 생각이 드나요? 그 신념이 타당하다고 생각되고 사실처럼 느껴지나요?

이상의 과정이 순조롭게 진행되었다면 원래의 제한적 신념은 사라지고 새로운 파워 신념이 마음속에 싹을 틔울 것입니다. 그리고 이 파워 신념으로 인생을 보다 자신 있게 살아가게 될 것입니다.

마지막으로 하나만 더 강조하겠습니다. 신념信念은 '굳게 믿는 마음'일 뿐, 이것을 만들어낸 것 또한 내 마음입니다. 한때 애연가였더라도 지금은 아니라고 분명히 말할 수 있듯이 무언가를 굳게 믿는 한 그것이 현재 나의 신념이 되어 내 삶을 이끌게 됩니다.

04

작은 성공이야말로
성공의 어머니

독일의 시인 괴테는 '중요한 것은 우리가 어디에 서 있는지가 아니라 어디를 향하고 있는가다'라고 했습니다. 목표의 방향성과 비전의 중요성을 강조한 말이지요.

이와 관련해 목표 설정의 기본 원칙에 해당하는 SMART 원리(구체성specific, 측정 가능성measurable, 성취 가능성achievable, 타당성reasonable, 시한성timed)를 part 2에서 다루었습니다만, 여기서는 어떻게 목표를 향해 집중할 수 있는지에 대해 알아보겠습니다.

기본적으로, 목표는 스스로 원하는 것이어야 하며 현실적이고 성취 가능해야 합니다. 또한 바람직한 방향의 것이어야 하며, 목표 달성의 동기가 충분히 유발되는 것이어야 합니다. 다소 복잡한데 이 것을 한마디로 요약해 표현하자면, 좋은 목표는 현실적이되 간절해야 한다고 할 수 있습니다. 그리고 목표 설정과 실천의 전 과정은 자기의 관점에서뿐 아니라 객관적인 관점에서도 긍정적으로 평가될 수 있어야 하는데, 특히 아래 사항을 염두에 두어야 합니다.

첫째, 긍정적인 표현이 긍정적인 결과를 부릅니다.

목표는 긍정적인 차원에서 표현되어야 합니다. 이 말은 목표 설정이 '원하지 않는 것에서 벗어나는 것'이 아니라, '원하는 것을 향해서 나아가는 것'이어야 한다는 뜻입니다. 쉽게 말해 '이 지긋지긋한 생활에서 벗어나고 싶다'는 바람직한 목표가 될 수 없습니다. '지긋지긋한 생활'을 언급하는 것만으로도 그것이 우리의 발목을 잡을지 모를 일이기 때문입니다.

덧붙여 '내가 목표를 달성했을 때 이 목표는 나에게 무엇을 해줄 수 있을까?' 또는 '나는 이 목표와 관련해 무엇을 원하는가?' 같은 질문을 통해 목표의 효과를 분명히 인식하고 있어야 합니다.

둘째, 내가 할 일과 다른 사람이 해줄 일을 구분해야 합니다.

목표 달성은 가급적 나의 노력과 힘만으로 이루는 게 바람직하겠습니다만, 주위의 도움을 받을 수 있다면 그것을 마다할 필요는 없습니다. 그 대신 다른 사람의 도움을 받았다면 그에게도 일정한 보상이 돌아가도록 해야 합니다.

사실, 세상에는 다른 사람의 도움 없이 할 수 있는 일은 그리 많지 않습니다. 따라서 당신이 그에게 어느 정도의 성과를 보장해주는 방식으로 서로에게 도움이 되는 일을 목표로 삼을 때 그 사람도 기꺼이 당신을 도울 것입니다. 다른 사람에게 도움을 받기 위해 내가 해야 할 일을 미리 생각해두면 좋겠지요.

'나만 열심히 하면 되지 않을까'라는 생각을 할 수도 있을 텐데, 예를 들어 '3년 내에 1억 모으기'를 목표로 삼았을 때 이것을 순전히 나의 힘만으로 달성할 수 있을까요? 나야 먹을 것 안 먹고 사고 싶은 것 안 사면서 돈을 모은다 치더라도 내 부인이, 내 남편이 흥청망청하는 경우라면 어떻게 될까요?

미혼의 경우라도 마찬가지입니다. 돈을 모으기 위해서는 굳이 내가 땀 흘려 일하는 것 외에 나의 수고를 대신해 돈이 쌓이는 환경을 만드는 게 훨씬 중요할 수 있습니다. 은행이나 투자회사, 혹은 내 직원들의 도움을 생각해볼 수 있을 것입니다.

셋째, 목표 달성에 대해 구체적으로 계획해야 합니다.

목표는 최대한 구체적인 형태로 설정하는 게 좋습니다. 또 '성취하는 데 시간이 얼마나 걸릴까?'처럼 구체적인 날짜까지 염두에 두면서 현실적인 시간제한을 두어야 합니다. 그 밖에도 어느 장소나 상황 또는 어떤 생활영역에서 목표가 이루어질 것인지, 누구와 더불어 목표를 이루기를 원하며 또 누구와는 함께하지 않을 것인지

따위를 미리 가늠해보는 것입니다.

목표는 구체적으로 설정할수록 실천에 옮기기도 수월해지거니와 그 자체로 동기부여가 됩니다.

넷째, 목표 달성에 필요한 자원을 가늠해봅니다.

목표를 달성하는 데 필요한 자원에는 돈이나 물질적인 재산, 자신의 품성과 기술, 주위 인맥 등이 있습니다. 특히 주위 인맥은 당신에게 직접적인 도움을 주는 것 외에도 성공의 기회를 늘려주는 역할을 할 수도 있는데, 사회적 성공에서 네트워크의 중요성은 아무리 강조해도 지나치지 않습니다. 그 밖에 어떤 품성이나 덕목, 자기계발이 필요한지도 고민이 필요할 것입니다.

다섯째, 목표를 달성한 순간을 미리 체험해봅니다.

내 목표의 성과를 미리 체험해볼 수 있는 가장 좋은 방법은 타인의 입장에서 결과를 생각해보는 것입니다.

'나의 목표가 그의 입장에서는 어떻게 보일까?'

'이 목표는 그들에게 어떤 영향을 미치게 될까?'

이 같은 질문에 스스로 답해보는 것입니다. 이 질문은 결국 '그 목표는 투자할 가치가 있는가?'라는 물음으로 이어지게 되는데, 성공에 대한 확신을 가지기 위해서라도 꼭 필요한 질문이라고 하겠습니다. 목표를 세우고 달성하는 데 있어 가장 바람직하지 못한 태도는 '일단 한번 해보지 뭐'입니다. 운이 아주 좋은 경우라면 무심코 시도

해본 게 뜻밖의 성공을 거둘 수도 있겠지만, 처음부터 불확실하고 애매한 태도로 시작해서는 '해보니까 역시 안 되네'로 이어지게 마련입니다.

여섯째, 작은 목표로 나눠 큰 목표에 다가가야 합니다.

작은 성공의 소중함을 잊지 말아야 합니다. 무수히 작은 성공이 쌓이고 쌓여 본래 내가 바라던 큰 성공이 현실로 다가옵니다.

10억 모으기를 성공의 목표로 삼은 사람에게 어느 날 갑자기 하늘에서 10억이 뚝 떨어지는 일은 없습니다. 1억씩 10번의 성공, 천만 원씩 100번의 성공이 모여 당초에 꿈꾸었던 성공이 되는 이치입니다. 계획에 맞춰 차근차근 쌓아가야 합니다.

공무원 시험 합격을 성공의 목표로 삼은 사람이라면 또 어떨까요? 합격 여부가 성패를 가른다고 해서 시험 당일에 모든 게 결정나는 걸까요? 그렇지 않습니다.

그가 만약 합격한다면 시험 준비를 하면서 하루하루 실패한 날들보다 성공한 날들이 훨씬 많았기 때문일 것입니다. 그리고 만약 시험에 떨어진다면 공부계획을 세우는 데 실패하고, 실천하는 데 실패하고, 학원을 선택하는 데 실패했기 때문일지도 모릅니다. 이렇게 본다면 시험 이전에 이미 성패가 결정되었다고도 할 수 있습니다.

작은 성공을 소중히 여기라는 말은 곧 단계적 성공의 중요성과도 맥이 닿아 있습니다. 하물며, 한 번밖에 없는 인생이라는 점을 생각해 볼 때 우리의 목표는 보다 더 큰 목표의 일부가 된다는 사실을 분명하게 인식해야 합니다.

성공은, 성공을 해본 사람이 또 성공합니다. 이 또한 작고 사소한 성공을 쌓아야 하는 이유가 됩니다. 최종 성공의 목표를 높게 잡았다면 거기까지 오를 계단을 하나하나 준비해야 합니다. 목표가 높으면 높을수록 계단 수도 많아질 것입니다.

이렇듯 성공의 목표를 비교적 성취하기 쉬운 일련의 작은 목표들로 나눠 적절히 배열하면 원래의 큰 목표를 보다 쉽게 성취할 수 있습니다. 마치 게임을 하듯이 한 단계 한 단계 나아가며 작은 목표들을 완수해 최종 목적지에 이르는 것이지요. 작은 성공이야말로 성공의 어머니입니다.

나의 목표가 얼마나 높은 곳에 있든, 지금 당장 한 발을 내딛을 수 있는 계단을 준비하기 바랍니다. 그리고 실천하기 바랍니다. 실천이 없는 한 목표는 한낱 꿈에 불과할지도 모릅니다. 목표를 향해 나의 온갖 역량을 집중하고 또 마음으로 믿어 의심치 않는다면, 우리는 누구든 성공의 계단을 끝까지 오를 수 있습니다.

05

라포르가 있는 곳에
성공이 보인다

NLP 성공학에서는 성공을 위한 5대 원리를 제시하고 있는데, 라포르 형성, 목표 설정, 감각적 민감성, 행동적 융통성, 실천의 다섯 가지입니다. 그중 성공의 핵심이라고 할 수 있는 목표 설정과 실천에 대해서는 책 전편에서 충분히 다루었으니, 여기서는 그 나머지 항목에 대해 살펴보겠습니다.

먼저, 라포르rapport는 두 사람이나 또는 그 이상의 사람들 사이에 이루어지는 신뢰관계, 친밀관계를 뜻합니다. 서로 간에 친밀감이나 동질감을 느낄 때 쉽게 형성되는 심리적 유대인 것입니다.

이 말은 원래 최면 치료에서 나왔는데, 최면가가 피최면가에게 최면을 걷기 위해서 반드시 조성되어야 하는 심리적 상태를 일컫는 용어였습니다. 그러던 것이 최근에는 의사와 환자, 상담자와 내담자, 판매원과 고객 등의 관계에 필수적으로 형성되어야 하는 심리적 조건이라는 뜻으로 통용되고 있습니다.

라포르가 형성되어 있을 때라야 의사는 환자에게, 상담자는 내담자에게 진정한 치료와 상담을 할 수 있고 그 결과로 변화가 일어날 수 있습니다. 그 밖에도 라포르는 경영인과 직원, 협상 당사자, 그리고 일상의 인간관계에서 성공과 능률을 위해 꼭 필요한 가치라 할 수 있습니다. 그런 이유로 라포르가 있는 곳에 성공이 보인다고 하겠습니다.

그런데, 라포르는 원래 다른 사람들과의 관계에서 나온 개념이지만, 자기 자신과의 관계에도 적용할 수 있습니다. 왜냐하면 자신의 마음과 라포르가 될 때 내 마음을 제대로 알 수 있으며, 일심一心이나 일념一念의 상태에서 자신을 컨트롤할 수 있게 되어 내가 원하는 것을 이룰 수 있기 때문입니다.

그렇지 않고 자신의 마음을 제대로 컨트롤하지 못한다면 굳이 역경의 상황이 아니더라도 목표한 바를 제대로 이루기는 어려울 것입니다. 이 경우는, 내 안에 나를 방해하는 또 다른 내가 있어서 서로 조화를 이루지 못하는 상황이라고 볼 수 있습니다. 만약 그렇다면 '방해하는 나'를 없애 마음의 조화를 도모하는 게 우선입니다.

이처럼 자기와의 라포르는 타인과의 라포르 이상으로 중요하므로 먼저 그것에 대해 자세히 살펴보겠습니다.

| 스스로를 이끄는 힘, 자기와의 라포르

자기와의 라포르는 다시 신체와의 라포르, 마음과의 라포르, 영적 존재와의 라포르, 이 세 가지로 구분할 수 있습니다.

첫째, 신체와의 라포르는 본인이 자신의 신체와 어느 정도로 친밀한 관계에 있고 또 영향력을 제대로 미칠 수 있는지를 가리킵니다.

건강한 사람일수록 신체와의 라포르가 강력합니다. 그런 반면, 환자는 자기 신체와의 라포르가 최하로 떨어진 상태에 있다고 하겠습니다. 관절염 환자는 몸을 자유로이 움직일 수 없고 심장병 환자는 마음껏 뛰지 못합니다. 그리고 고혈압 환자라면 감정 표현이 원활하지 못할 수 있습니다. 다시 말해, 내 몸을 내 마음대로 하기 어려운 상태인 것입니다. 그런 측면에서 요가 수행자는 신체적 라포르가 발달했다고 볼 수 있습니다.

신체와의 라포르가 성공과 어떤 관계가 있는지에 대해 의문을 가질 사람은 아마 없을 것입니다. 몸이 상하면 성공도 별반 소용이 없을 뿐더러, 건강한 신체에서 성공에 대한 의지도 더욱 샘솟는 법이기 때문입니다.

둘째, 마음과의 라포르는 자신의 마음을 얼마나 이해하고 신뢰하며 영향을 미칠 수 있는지에 관련됩니다.

성공이란 마음을 원하는 방향으로 다스릴 수 있을 때 가능한 법입니다. 대부분의 사람들은 분노를 통제하기가 어렵고 불안한 마음을 쉬이 극복하지 못합니다. 그리고 생각의 흐름을 매끄럽게 처리하는 데에도 서투릅니다. 과거의 실패 경험 때문에 새로운 목표 앞에서 주저앉는 사람도 따지고 보면 생각과 감정을 다스리지 못하기 때문입니다.

따라서 목표를 추구하고 달성하는 과정에서 마음과의 라포르는 성공의 절대조건에 속합니다. 참고로, 마음 수련은 마음과의 라포르를 형성하는 한 과정에 속한다고 할 수 있습니다.

셋째, 영적 존재와의 라포르는 절대자, 절대정신, 자연과의 라포르를 가리킵니다.

이것은 의식의 차원 너머의 초의식과 관련된다고 할 수 있는데, 대부분의 정신 수련이 이러한 영적 연합을 그 목적으로 하고 있습니다.

성공을 위해서는 한 치 앞을 내다보거나 주변을 살필 수 있는 여유가 필요합니다. 현상과 물질 너머의 세계를 보고 자연의 섭리나 이치를 깨닫고 순응한다면 필경 성공에도 다소 도움이 될 것입니다. 마음의 안정을 얻는 것과는 별개로, 지식을 넘어서는 지혜와 혜안을 얻게 될지도 모르니까요.

| 마음을 움직이는 기술, 타인과의 라포르

모든 인간관계는 라포르가 없이는 불가능합니다. 그리고 타인을 변화시키려는 시도 또한 그와의 라포르가 전제되어야 합니다.

라포르는 앞에서 살펴보았듯이 의사와 환자, 상담자와 내담자뿐 아니라 교사와 학생, 상사와 부하직원, 기업과 고객, 심지어는 정부와 국민, 연인 사이에도 그대로 적용됩니다. 이들의 관계에서 믿음과 신뢰, 그리고 조화로운 협력이 없이는 어떠한 일도 제대로 이루어지지 못할 것입니다. 그러므로 성공을 위해서는 라포르 형성을 잘할 수 있는 태도와 능력을 익힐 필요가 있습니다.

타인과의 라포르를 위해서는 기본적으로 타인에게 맞추어줄 수 있어야 합니다. 이를 NLP에서는 '맞추기matching'라고 하는데, 맞추기를 잘하려면 의사소통의 요소와 효과에 대해 충분히 이해하고 있어야 합니다. 언어 또는 의사소통을 구성하는 것은 크게 말, 음성, 신체반응, 이 세 가지입니다.

예를 들어, 여행지에서 고향 사람을 만나면 쉽게 친해질 수 있는

데, 그것은 같은 언어나 같은 사투리를 사용함으로써 서로가 쉽게 맞추어지기 때문입니다. 한 지역에서 같은 경험을 나누었다는 동질감, 즉 라포르가 형성되는 것이지요. 그 밖에도, 유유상종이라는 말이 있듯이 어떤 분야에서 선호도가 비슷한 사람끼리는 쉽게 라포르가 형성됩니다.

이런 원리를 이용해 다른 사람과 친해지고 싶다면, 또는 그에게 영향을 미침으로써 어떤 목적을 달성하고자 한다면 그의 선호도를 파악해 자신을 맞춤으로써 라포르를 형성할 수 있습니다. 세일즈를 하거나 설득 혹은 협상을 할 때, 상담이나 치료를 할 때, 무엇을 가르치거나 업무지시가 필요한 때에 상대방을 내가 의도하는 바대로 이끄는 가장 기초적인 기술이 바로 '맞추기'입니다.

| 동질감을 유도하는 맞추기 기법

그렇다면 라포르는 구체적으로 어떻게 형성할 수 있을까요? 여러 기법 중 여기서는 맞추기에 대해 간략하게 소개하겠습니다.

맞추기란 기본적으로 상대방과 보조를 맞추는 것을 뜻합니다. 예를 들어 상대방이 사용하는 단어를 함께 사용하거나 그의 말 빠르기, 음성의 크기에 맞추어 말하고 유사한 신체적 반응을 보이는 것

등이 맞추기에 해당합니다. 사람은 어떤 측면에서든 자신과 비슷한 상대에게서 공감대를 쉬이 느끼는 법입니다. 이것이 서로 간의 마음의 벽을 허물거나 심리적 거리를 단축시키게 됩니다.

물론, 맞추기는 상대방이 눈치 채지 못하는 가운데 이루어져야 합니다. 무의식적으로 형성되는 라포르를 통해 상대방을 특정 방향으로 반응하고 행동하도록 영향을 미치는 것이지요.(이처럼 영향을 미치는 과정을 NLP에서는 이끌기leading라고 합니다.) 어떠한 인간관계에서든 상대방을 내 의도대로 이끌 수 있다면 목표를 쉽게 이룰 것이고, 그것은 곧 성공을 의미합니다.

지금 당장 시험을 해봐도 좋습니다. 당신과 마주하고 있는 사람이 있다면 그가 말하는 목소리, 표정, 앉아 있는 자세나 제스처에 초점을 두고 살펴보기 바랍니다. 그런 다음 그가 의식하지 못하는 가운데 그와 같은 방식으로 말하고 반응해봅니다. 그러고 나서 그의 태도나 반응에 주목해보면 당신의 '맞추기'가 두 사람 간의 대화에 어떤 식으로 도움이 되는지 알 수 있습니다.

참고로, 맞추기를 통해 라포르를 형성하는 사례를 하나만 살펴보겠습니다. 어느 과외 선생님이 학생과의 사이에서 맞추기 기법을 활용한 경우입니다.

♠ ♠ ♠

　고등학교에 다니는 한 학생이 눈을 깜박이고 있었습니다. 그를 과외지도하던 황 선생은 NLP의 맞추기와 이끌기 기법을 활용해 상대가 눈치 채지 못하는 상태에서 그와 동시에 눈을 깜박이며 대화를 이어 갔습니다. 그렇게 한참 동안 눈을 맞추다가 황 선생은 갑자기 눈을 깜박이는 반응을 멈추었습니다. 그랬더니 학생도 눈 깜박임을 멈추었습니다.

　이 사례에서 황 선생은 일정한 시간 동안 학생이 눈을 깜박이는 행동에 맞추어줌으로써 그와 라포르를 형성하였고, 그 결과 무의식 차원에서 자신에게 동질감을 느끼도록 했습니다. 이러한 동질감은 황 선생이 그에게 쉽게 영향을 미칠 수 있는 기반을 조성하는 역할을 합니다. 황 선생이 눈 깜박임 동작을 멈추자 곧바로 학생에게도 행동 변화가 일어난 게 그 증거라 할 수 있습니다.

감각적 민감성과 행동적 융통성

N LP 성공학의 나머지 두 원리, 즉 감각적 민감성과 행동적 융통성에 대해서도 마저 알아보겠습니다.

먼저, 감각적 민감성에서 감각이란 오감을 뜻합니다. 사람들은 누구나 오감의 기능을 활용하며 살아갑니다. 보고, 듣고, 만지면서 느끼고, 냄새를 맡고, 맛을 보면서 일상생활을 하는 것이지요. 이러한 기능들은 정상인이라면 누구나 사용하는 것이므로 사람들은 이를 아주 당연하게 받아들입니다.

하지만, 병이 나거나 기능성에 장애가 생기게 되면 그제야 오감의 기능을 제대로 활용한다는 게 얼마나 고마운 일인지 깨닫곤 합니다. 실제로, 감각기능은 지극히 소중하게 다뤄야 할 만큼 우리 삶에 있어서 절대적인 역할을 합니다. 그리고 이 감각을 더욱 적극적으로 활용할 필요도 있습니다.

앞을 보지 못하는 사람, 즉 맹인의 경우를 살펴보겠습니다. 그는 시각기능을 전혀 활용하지 못합니다. 그래서 아주 불편합니다. 그런 반면에, 그는 다른 4감의 영역에서는 정상인들보다 훨씬 민감한 감각을 갖고 있습니다. 소리나 냄새, 그리고 촉각 같은 감각이 정상인보다 훨씬 민감합니다.

이것은 시각기능에 투입되는 에너지가 다른 에너지로 사용되기 때문입니다. 그래서 그는 아무것도 보지 못하지만 복잡한 거리를 다니고 횡단보도를 건넙니다. 과연 정상인들이라면 눈을 감은 채로 그렇게 할 수 있을까요?

| 탁월한 감각이 성공을 앞당긴다

동물들의 감각기능을 보자면 더욱 놀랍습니다.

연어는 계곡 하천이나 강에서 태어나 넓은 바다로 나가서 평생을 지낸 후에 자기가 태어난 그 자리에 되돌아와 알을 낳고 죽습니다. 그리고 메기는 지진이 발생하기 일주일에서 하루 전에 지진이 일어날 것을 미리 감지하고 특이한 반응을 보입니다. 그 때문에 일본에서는 지진 예측을 하는 데 메기를 활용한다고 합니다. 기러기 같은 겨울 철새 또한 수천 킬로미터를 날아서 남쪽나라로 갔다가 겨울이 지나면 왔던 길을 따라 고향으로 되돌아옵니다.

이들 동물들이 그 같은 능력을 가진 것은 초특급의 감각적 민감성 덕분입니다. 즉, 연어는 일천만 분의 1의 냄새 차이를 구별할 수 있는 미각과 후각적 민감성을, 메기는 지각의 변동을 백만 배 이상 민감하게 알아차리는 감각적 민감성을 지니고 있기에 가능한 현상들입니다. 인간의 능력으로는 상상조차 하기 어려운 초능력을 가진 셈이지요.

그런데 이들 동물과 같은 수준까지는 아니더라도 정상인들이 맹인과 비슷한 정도의 감각적 민감성을 가질 수 있다면 어떨까요? 뜻밖의 불편한 점도 있으리라 여겨지지만 그처럼 탁월한 감각은 성공을 위해서는 큰 도움이 될 것입니다.

이것은 결코 초능력을 가져야 한다는 말이 아닙니다. 예를 들어, 형사는 사건 현장에서 아주 사소한 흔적을 실마리로 범인을 잡아내고, 의사는 청진기 너머로 들리는 심장 고동을 들으면서 그리고 손목 맥의 미묘한 차이를 통해 병을 진단합니다. 또 자동차 정비공은 돌아가는 엔진 소리만 듣고도 고장 여부와 그 부위를 알아냅니다. 엄마는 아이 얼굴 표정의 작은 변화를 보고 아이의 마음을 짐작하며 목소리만 듣고도 아이가 참말을 하는지 거짓말을 하는지 알아냅니다. 마찬가지로 세일즈맨은 고객의 표정과 거동을 보거나 목소리를 듣고 그가 상품을 구매할 마음이 있음을 눈치 채고 적극적으로 구매를 권유합니다.

이 모든 것들은 일상생활이나 전문 분야에서 성공하기 위해서는 감각적 민감성이 얼마나 중요한지를 말해주는 예들입니다. 물론 이러한 민감성을 기르기 위해서는 많은 경험과 오랜 시간이 필요할 텐데, 그보다는 관심 있는 분야에 뜻을 두고 집중하는 태도가 더욱 중요합니다. 몸에 쉽게 익힐 수는 없지만, 그러한 민감성을 내 것으로 만들 수 있다면 성공에는 큰 도움이 될 것입니다. 어떤 분야의 성공을 원하든지 말입니다.

| 행동적 융통성이 나를 변화시킨다

사람은 누구나 고정관념에 사로잡히기 쉽습니다. 그리고 늘 하던 행동을 반복하는 경향이 있습니다. 시험에 실패하여 낭패나 고통을 당했던 사람은 시험 상황에만 처하면 불안해하고 긴장합니다. 이처럼 과거의 실패했던 상황이 현재에 다시 닥쳤을 때 우리는 과거에 실패했을 때 보였던 반응을 똑같이 되풀이하기 쉽습니다. 그렇다면 결과는 어떨까요? 동일한 반응으로 인해 또다시 실패를 낳게 되는 악순환을 반복할 가능성이 높아집니다.

하지만 과거와 동일한 상황이라 할지라도 다른 반응을 보일 수 있다면, 이것이 성공적인 삶의 계기가 될 수 있습니다. 신라의 김유신이 애마의 목을 벤 일화가 그 좋은 예입니다.

김유신은 젊은 시절 별다른 고민이나 의식 없이 기생집을 드나들었습니다. 그냥 어제 갔으니까 오늘도 가는 식입니다. 당연히 고정되고 반복된 이 행동이 그를 실패로 내몰았습니다. 나중에 이 사실을 깨달은 김유신은 고정된 길을 과감하게 박차고 새로운 길을 택했습니다. 그것도 애마의 목을 칼로 베는 결단과 고통을 겪으면서 말입니다.

이것이 바로 행동적 융통성입니다. 만약 그에게 행동적 융통성이 없었다면, 즉 기존의 길이 아닌 다른 길을 갈 수 있는 판단력과 의지가 없었다면 아마 역사는 크게 달라졌을 것입니다. 김유신의 그러한 융통성, 다시 말해 새로운 반응이나 현명한 행동을 할 수 있는 능력과 의지가 그를 삼국통일의 위업을 이룩하는 성공으로 이끌었다고 할 수 있습니다.

알레르기 환자는 알레르겐(알레르기를 일으키는 물질) 앞에서 늘 같은 반응을 보일 수밖에 없는 사람입니다. 이것을 달리 말하면, 그는 알레르겐과 관련해 행동적 융통성이 없는 사람입니다. 그런 그가 알레르겐 앞에서 다른, 생산적이고 효율적인 반응이나 행동을 할 수 있다면 그는 더 이상 알레르기 환자가 아닐 것입니다. 마찬가지로 알코올 중독자가 술을 마시지 않아도 되는 행동 반응을 보일 수 있다면 그는 더 이상 알코올 중독자가 아닙니다.

성공하는 사람은 이처럼 보다 생산적인 선택과 현명한 행동을 할 수 있는 능력이 있는 사람입니다. 결국 이 능력과 행동(실천)이 성공과 실패를 가를 것이므로, 굳이 선택의 긴박한 상황이 아니더라도 자신의 평소 행동에 대해 깊이 있게 성찰할 필요가 있습니다.

어제와 다른 오늘,
오늘보다 나은 내일

삶의 제반 문제는 내가 처한 여러 가지 조건, 내외적인 환경과 얽혀 있는 가운데 일어납니다만, 그것들이 무엇이든 간에 가장 중요한 하나의 키워드가 있다면 바로 '변화'입니다.

이 변화가 어제와 다른 오늘을 만들고 오늘보다 나은 내일을 약속해줄 수 있습니다.

변화를 일으키는 조건은 실로 다양한데, 여기서는 변화가 어떤 토대 위에서 가능한지를 살펴보겠습니다. 이와 관련해 미국의 NLP 전문가 로버트 딜츠Robert Dilts가 제시한 변화의 '논리적 수준'을 참고할 수 있습니다. 이것은 NLP에서 널리 사용하는 변화 모형으로, 삶의 여러 문제나 변화에 대해 영감을 얻는 데 크게 도움이 됩니다.

논리적 수준은 환경, 행동, 능력, 신념과 가치, 정체성, 영성의 6가지로 구분됩니다. 이 6가지 수준들은 개별적으로 기능하기보다는 서로 연결되어 있습니다. 따라서 어떤 문제를 다룰 때는 그 문제와 직접적으로 관련 있는 수준을 먼저 확인하고, 그 후에 다른 수준과의 관련성을 확인해보는 식으로 변화를 모색해 나가야 합니다.

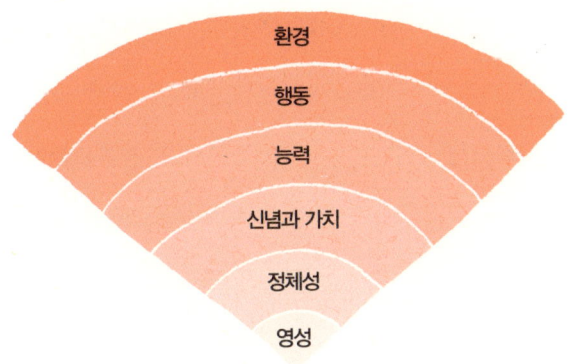

1. 환경, 나를 둘러싼 시간과 공간 그리고 상황

첫 번째 논리적 수준은 환경입니다. 환경은 개인의 주변을 둘러싸고 있는 상황과 관련되며 '언제, 어디서'와도 관계가 있습니다. 즉, 현재 살고 있는 장소와 함께 생활하고 있는 주변 사람들 등의 제반 조건들을 모두 포함합니다.

흔히 우리는 어떤 사람에 대해 '복을 타고났다'라는 말을 합니다.

만약 성공한 사람을 두고 이런 말을 했다면 주로 그의 환경을 보고 한 말일 것입니다. 부유한 가정에서 태어나 좋은 부모 밑에서 정서적으로도 풍요롭게 지내고, 안전하고 고급스런 동네에서 수준 높은 교육을 받으며 성장해 자연스럽게 성공의 대열에 올랐을 것이라고 보는 것입니다.

이와는 반대의 경우도 생각할 수 있습니다. 열악한 환경의 영향으로 인해 성공은커녕 개인적인 발전의 여건조차 제대로 제공받지 못해 매번 문제 행동을 일으키는 경우입니다. 이렇게 되면 개인적인 발전과 성공이 늦어질 수밖에 없습니다.

이렇듯 환경은 개인의 발전과 성공의 속도, 질을 결정하는 중요한 요소입니다. 개인이 처한 환경은 크게는 인생의 방향을, 작게는 습관의 방향을 결정짓습니다.

예를 들어, 친구들이 모두 술을 좋아해 만날 때마다 술자리를 벌인다면 술을 끊거나 건강관리를 하겠다는 결심은 성과를 거두기 어려울 것입니다. 그리고 현재 다니는 직장의 환경이 스트레스가 심한 편이라면 그 직장에 다니는 한 정신건강이 좋아질 리 없고 삶의 보람을 느끼기도 어려울 것입니다. 마찬가지로 학생의 경우, 집이 좁아 가족들의 대화 소리나 갖가지 소음으로 시끄러운 상황에서 공부를 해야 하는 환경이라면 집중력이 떨어져 좋은 성적을 얻기가 어렵습니다.

실제로, 사람들이 경험하는 많은 문제 상황은 환경에 1차적 원인이 있는 경우가 적지 않습니다.

"회사에만 가면 머리가 아프고 가슴이 답답해요."

"요즘은 비가 많이 와서 손님들이 거의 찾지 않아요. 이럴 때는 정말 힘들어요."

"그 과목 시간만 되면 왠지 두려워서 공부를 못 하겠어요."

이처럼 당신이 현재 처한 문제가 환경 차원과 관련이 있다면 가능한 한 빨리 문제가 되는 환경을 바꿀 방법을 찾아야 합니다.

회사에만 가면 머리가 아픈데, 이것을 본인의 문제로 치부해 혼자서 힘들어할 게 아니라 회사의 환경을 변화시키는 데 당장의 역량을 집중해야 합니다. 상사와의 문제 때문이라면 그와의 관계 회복을 시도하거나 부서 이동처럼 최대한 부딪히지 않는 환경의 조성이 필요할 것입니다. 결코 나만 바뀌어서 해결되는 문제가 아니기 때문입니다.

2. 행동, 생각하고 움직여라

두 번째 논리적 수준은 행동으로 의식적 행위 차원, 즉 '지금 무엇을 행하고 있는가?'의 문제입니다.

대개의 경우, 문제를 만드는 것은 특정 행위입니다. 지금 거짓말하는 한 번의 행위가 거짓말을 잘하는 습관으로 발전하게 되고, 식

후 때마다 담배를 피우는 행위가 헤비 스모커의 원인이 됩니다. 또한 지금 이 한 번의 과속운전이 난폭한 운전의 발판이 되어 교통사고를 유발할 수도 있습니다.

"운동을 제대로 안 했더니 살이 많이 쪘어요."

"수업시간에 친구와 장난치느라 수업을 제대로 못 들었어요."

"업무보고를 제때 하지 않았더니 부장님이 화를 많이 내셨고, 저는 그 일로 심한 스트레스를 받았어요."

"신문을 통 안 봤더니 세상이 어떻게 돌아가는지 모르겠네요."

이러한 예들이 모두 행위 차원의 문제입니다. 행위는 '그냥 어떻게 하다보니 그렇게 하게 된' 것이 아닙니다. 의식적으로든 무의식적으로든 모든 행위와 행동에는 목적이 있지만, 그것을 명확하게 인식하지 못하기 때문에 문제가 되는 행동으로 이어집니다. 행동 차원에서 진정한 변화를 이루기 위해서는 지금 내가 하고 있는 이 행위가 어떤 결과로 이어질 것인지를 명확하게 인식하는 습관을 들여야 합니다. 시쳇말로 '생각 좀 하고 움직여야' 하는 것입니다.

3. 능력, 무의식적으로 할 줄 아는 것

세 번째 논리적 수준은 능력입니다. 이때의 능력은 기능skill 차원의 능력을 뜻합니다. 즉, 자주 실행되어 일관되고 자동적이며 습관적, 무의식적으로 무언가를 행하는 능력인 것입니다.

사람에게는 걷기나 말하기 같은 선천적 기능이 있고, 수학이나 스포츠, 악기 연주처럼 의식적으로 학습된 기능도 있습니다. 만약 어떤 사람이 성공이란 '단번에' 또는 '어쩌다가' 이루어지는 것이라고 한다면, 이것은 성공을 단지 한순간에 결정되는 행위 차원에서 이해했기 때문입니다. 하지만, 우리는 성공이 일관적이고 반복된 행동의 결과이며 기능 차원의 능력으로 이룰 수 있다는 점을 이해해야 합니다.

문제 행동이나 습관도 마찬가지입니다. 사람들은 담배를 피울 때 거의 습관적으로 담배를 꺼내 입에 물고, 술을 마실 때에도 무의식적으로 술잔을 입으로 가져갑니다. 술이나 담배를 전혀 못하는 사람이 그것을 배우기 위해 의식적으로 연습하는 것이라면 행위 차원에서 설명되겠지만, 애연가와 애주가는 습관적이며 무의식적으로 담배와 술을 즐기므로 이것은 능력 차원의 문제입니다. 담배를 피우는 능력, 술을 마시는 능력으로 이해하고 해법을 찾든지 말든지 해야 하는 것입니다.

'무언가를 반복적, 무의식적으로 하는 능력'의 문제는 그러한 능력의 원인이 되는 행위를 수정함으로써 변화를 가져올 수 있습니다.(86쪽 참고) 따라서 평소에 운동을 거의 하지 않아 비만 상태를 벗어나기 어렵고, 자주 지각해 업무 능률이 떨어지거나 회사에서 인정받지 못해 승진에서 번번이 누락되는 등의 문제가 있다면, 그

'능력'의 직접적인 원인이 되는 행위에 과감하게 개입해야 합니다. 부정적 능력으로 이어지는 행위의 쇠사슬을 끊어 제대로 된 변화를 일으키는 것이지요.

4. 신념과 가치, 믿는 대로 이루어진다

네 번째 논리적 수준은 신념과 가치입니다. 먼저, 신념은 '굳게 믿는 것'이라고 할 수 있습니다. 성공의 관점에서 신념이 중요한 이유는, 어떤 일이 어떻게 될 것이라는 굳건한 믿음이 있을 때 그 소망은 믿음대로 이루어질 가능성이 높아지기 때문입니다. 그리고 가치는 '중요한 것은 무엇인가', '어떤 것을 더 우선할 것인가?'를 판단하는 기준이 됩니다.

사람들은 각자의 신념과 가치에 따라 특정 행동을 할 수도 있고(허용), 하지 못할 수도 있습니다(금지). 예를 들어 외국어에 대한 가치를 느끼지 않는다면 '외국어를 잘할 필요 없다'는 신념을 가질 것이고 그 결과 외국어를 배우려 하지 않을 것입니다.

신념과 가치는 삶의 방향지시등 같은 역할을 합니다. 사람들은 누구나 자신이 믿고 가치를 부여하는 것에 시간과 에너지를 투자하고 그 방향으로 행동하게 마련이기 때문입니다. 만일 그 신념이나 가치가 잘못되었거나 문제를 안고 있다면 우리의 삶은 전혀 딴 방향으로 흘러갈 것입니다.

5. 정체성, 내가 생각하는 내 모습

다섯 번째 논리적 수준은 정체성입니다. 정체성identity은 '나는 누구인가'라는 질문과 관계있습니다.

사람들은 흔히 '나는 그런 사람이 아니다'라고 말합니다. 이러한 것들이 정체성에 관한 표현인데, 자기 자신, 마음속 신념, 삶의 의미에 대한 주관적 인식 전반이 겉으로 드러난 게 정체성이라고 할 수 있습니다.

따라서 개인의 정체성은 고정된 게 아니라, 후천적으로 확립하고 발전시키고 변화시킬 수 있습니다. 탄력적인 속성을 갖고 있어 내가 원하는 방향으로 이끌 수 있는 것입니다. 다만, 그렇게 하지 못하는 것은 본인 스스로 '나는 이러이러한 사람'이라고 낙인을 찍었기 때문입니다.

정체성의 문제 때문에 문제 행동을 하는 사람들이 적지 않습니다. 스스로 못났다고 생각해 대인관계를 회피하거나 적극적으로 도전하지 않는 것 등이 그 폐해입니다. 만약 그렇다면, 문제가 되는 행동을 어떻게 해보려고 하기 전에 정체성의 문제부터 먼저 해결해야 합니다. 정체성에 변화를 주지 않는 한, 행동으로 짐짓 그런 척할 수는 있어도 내면의 본질은 바뀔 리가 없기 때문입니다.

6. 영성, 내 밖에서 찾는 변화의 모티브

여섯 번째 논리적 수준은 영성입니다. 영성spirituality은 내가 아닌 타인, 혹은 자신의 정체성을 넘어서는 세계와 교류하며 연결되는 차원으로, 종교적인 차원과 연결되기도 합니다. 동시에 사회, 자연과의 관계 속에서 배려하고 양보, 희생, 봉사하는 행동 또한 영성의 차원과 관계가 있습니다.

사람들은 대개 자신의 문제에만 급급한 나머지 사회적 차원에서의 변화는 그다지 염두에 두지 않습니다. 타인과의 관계나 공공성, 협동성, 조화성 등의 사회적 가치가 나의 성공과 어떤 관계가 있느냐는 것이지요. 하지만 이 같은 태도는 물질적인 성공에만 너무 얽매여 성공 그 너머를 바라보지 못하기 때문입니다.

어차피 사람은 혼자서는 살 수 없습니다. 쉽게 말해, 아는 사람 하나 없는 곳에 가서 나 홀로 성공했다고 한다면 다소 삭막하지 않을까요? 그 이전에 '나는 왜 성공해야 하는가?'를 한번쯤 생각해보기 바랍니다. 비록 성공을 얻더라도 내 본래의 가치를 잃어버린다면, 인내와 노력 끝에 얻은 성공 또한 진정한 내 것이 아닐 것입니다.

이제까지 변화를 위한 삶의 논리적 수준들에 대해 간략하게 살펴보았습니다만, 내게 필요한 변화는 어느 논리적 수준에서도 가능합니다. 문제는 '어떤 논리적 수준이 가장 효과적인가?', 즉 내가 그나

마 적은 노력으로 가장 좋은 결과를 만들어낼 논리적 수준은 어떤 것인가에 대한 답을 구하는 일입니다.

신념 차원의 변화는 능력과 행동 차원에 많은 영향을 줄 것이고, 행동 차원의 변화는 지금 당장에라도 실천에 옮겨 효과를 볼 수 있습니다. 주위 환경이나 내 정체성을 바꾸어 변화를 모색하는 것도 하나의 방법입니다.

여기서 진짜로 중요한 것은, 변화를 두려워하지 않고 한 걸음 한 걸음 앞으로 나아가려는 마음가짐에 있다고 하겠습니다. 성공을 위해 변화를 마음먹은 그 순간부터 변화는 이미 시작된 것이고, 무언가를 찾고자 갈망하는 한 성공의 '열쇠'는 멀리에 있지 않습니다.

하면 할 수 있습니다

사람은 평소에 무엇을 생각하느냐가 정말 중요합니다. 내가 무엇을 생각하는가에 따라 내 마음뿐만 아니라 기분과 몸의 상태, 그리고 삶도 따라가기 때문입니다.

맛있는 음식을 생각하면 입안에 침이 고입니다. 좋아하는 사람을 생각하면 입가에 미소가 돌고 얼굴이 밝아집니다. 내가 잘했거나 다른 사람들에게 칭찬받았던 일을 생각하면 가슴이 뿌듯해지고 자신감이 생기며 목소리에도 힘이 들어갑니다.

그런 반면에 내가 실수했거나 잘 못했던 일, 다른 사람들에게 욕먹었던 일을 생각하면 기분이 나빠지거나 우울해집니다. 기가 꺾이면서 어깨가 처집니다. 무서운 것에 대해 생각하면 가슴이 두근거리고 몸이 움츠러듭니다.

이처럼 마음먹기에 따라 우리의 마음과 몸의 상태는 극과 극의 반응을 보입니다. 내가 의식적으로 어떤 것을 생각하면 그때부터 나의 잠재의식은 그 의식의 방향으로 움직이게 됩니다. 의식적으로 좋은 것을 생각하면 잠재의식도 좋은 방향으로 움직여서 반응을 불러오고, 의식적으로 나쁜 것을 생각하면 잠재의식도 나쁜 방향으로 반응을 불러옵니다.

이렇게 볼 때 우리가 불행에 빠지는 법은 참 쉽습니다. 불행한 일을 자꾸 마음먹으면 됩니다. 그렇게 하면 마음은 불행한 일을 자꾸만 생각하게 되고 나는 결국 불행한 일이 생기는 방향으로 가게 됩니다. 왜냐하면 잠재의식이 내 생각이 이루어지도록 도와주기 때문입니다.

그렇다면 행복해지는 법은 무엇일까요?

당연히 행복한 일을 자꾸만 생각하고 행복하겠다고 마음먹으면 됩니다. 이 또한 참 쉽습니다. 만약 그렇게 한다면 잠재의식은 내 행복이 실현되도록 도와줄 것입니다.

무언가를 하겠다고 마음먹으면 그때부터 잠재의식은 그것을 이루기 위해 나를 돕게 됩니다. 성공하겠다고 마음먹으면 잠재의식은 내가 성공할 수 있도록 도와주는데, 이런 잠재의식의 원리는 참으로 쉽고 단순합니다. 그래서 잠재의식을 이해하고 활용하면 성공을 위해서 큰 도움을 받을 수 있습니다.

그럼에도 불구하고 세상 사람들 모두가 성공하는 것은 아닙니다. 다시 말해서 성공의 원리가 분명하게 있고, 게다가 그 원리가 어렵지 않고 누구나 실천할 수 있는 것이어서 그대로만 하면 성공할 수 있는데도 아무나 성공하지는 못합니다. 이것은 왜일까요?

그것은 성공을 생각하지 않고 또 성공하는 방향으로 마음을 먹지 않기 때문입니다. 성공의 길은 때로 번거롭고 귀찮을 뿐만 아니라 평소의 익숙한 것을 버리거나 그것과 멀어져야 하지만, 우리는 타성에 젖은 채 현재의 익숙함에서 벗어나려고 하지 않습니다. 당장의 편리함을 위해 미래의 성공을 포기하는 쪽으로 스스로와 타협하고 말아버립니다.

성공의 길을 택하지 않는 데에는 '의식'도 한몫을 합니다. 우리의 의식은 이런저런 현실적인 문제를 따져가며 우리의 용기를 꺾습니다. 과거의 실패 경험을 떠올리게 해 '넌 안 돼'라는 생각을 끊임없이 불어넣습니다. 거기에 우리는 너무나 쉽게 넘어가고 맙니다. '난 할 수 있어'라는 마음가짐으로 맞설 생각을 못 하는 것입니다. 의식이 만들어내는 생각에 익숙해져 있기 때문에 그것에서 벗어나고 극복하기가 어렵습니다.

이러한 문제들을 극복하기 위해서는 굳은 의지가 필요합니다. 그리고 나의 잠재의식에 끊임없이 성공의 암시를 주어야 합니다. 그렇게 함으로써 나의 잠재의식, 즉 속마음이 딴 생각을 못 하도록 하는 것입니다. 덧붙여, 실천도 빼놓을 수 없습니다. 실천이 없으면 아무리 좋은 생각, 좋은 마음가짐이라도 사상누각이 될 것이 뻔하기 때문입니다. 성공에의 뜻을 품고 잠재의식의 도움을 받을 준비마저 됐다면 이제는 실천이 그 성공을 지탱해줄 것입니다.

프롤로그에서도 잠깐 언급했습니다만, 저는 초등학교만 졸업해도 다행이라고 여겨야 했던 형편에 그것에 만족하기는커녕 더더욱 정진하여 박사학위까지 취득할 수 있었습니다. 물론 경제적 어려움은 어릴 때부터 줄곧 저를 괴롭혔습니다.

고등학교에 진학할 당시에는 가족을 포함한 주변 친지들이 하나같이 인문계 진학을 말렸습니다. 가난한 집안 형편도 있고 하니 실업계 고등학교를 졸업해 하루빨리 취직해서 돈을 벌어야 되지 않겠느냐고 말입니다. 하지만 저는 인문계를 가서 졸업 후에는 반드시 대학을 가겠다고 마음먹었습니다. 경제적으로 어렵기 때문에 실업계를 가야 하는 선택과, 어려움에도 불구하고 어떻게든 학비를 벌어 인문계를 가는 선택 중 후자를 택한 것이었습니다.

훨씬 나중에 깨달은 사실이지만, 스스로 선택한 고생은 사실 그렇게 힘들게 느껴지지 않습니다. 지금의 이 고생을 언젠가는 보상받겠다는 각오가 있기 때문이지요. 더욱이 마음을 굳게 먹는 한 길은 열리게 마련입니다.

결국 주변의 반대에도 불구하고 인문계 고등학교에 응시했고 다행히 합격을 한 바로 그날, 뜻밖에도 아르바이트 자리가 생겼습니다. 누나 친구의 동생을 과외지도 하는 일이었습니다. 그 덕분에 저는 과외수업을 계속하면서 무사히 고등학교를 마칠 수 있었습니다.

이 같은 선택은 대학과 대학원, 그리고 유학을 갈 때에도 쭉 이어졌습니다. 당장의 현실보다는 보다 나은 미래, 저의 꿈을 향해 현실을 맞추어갔습니다. 돈 때문에 마음 상했던 일이야 왜 없겠습니까마는, 어쩔 수 없는 현실은 마음 한번 돌려 먹으면 그걸로 그만이었습니다. 고등학교 때에도 직접 돈을 벌면서 다녔는데, 유학이라고 해서 못할 것은 없었습니다.

꿈을 현실에 맞춰 꾸다보면 지금 있는 자리에서 크게 벗어나기 어려운 반면, 자신의 꿈에 현실을 맞추고자 노력한다면 방법은 얼마든지 있습니다. 또 잠재의식이 우리를 돕습니다.

제가 대학을 다니던 시절에는 대다수 사람들이 유학을 자신과는 상관없는 일이라고 여기고 아예 꿈도 꾸지 않았습니다. 유학을 위해서는 본인의 실력 외에도 아주 큰돈이 들 것이라고 여겼기 때문입니다. 하지만 저는 유학을 너무나 가고 싶었기에 처음부터 돈을 벌면서 공부할 수 있는 방법을 찾았습니다.

그렇게 2년 정도의 준비기간을 거친 후에 미국 유학길에 올랐고 갖은 고생 끝에(이 역시 지난 후에는 큰 고생이라 느껴지지 않았지만) 꿈에 그리던 박사가 될 수 있었습니다.

　초등학교만 졸업하고 말았을지도 모를 삶에서 대학을 졸업하고, 외국에서 학위를 따고, 또 교수가 될 수 있었던 것입니다. 단계를 차츰 높여온 꿈이 있었기에 가능했던 일일 것입니다.

　그리고 이 같은 인생 경험을 해오면서 또 한 가지 깨달은 사실이 있습니다. '뜻이 있는 곳에 길이 있다'라는 깨달음입니다. 적어도 제가 식섭 체험하고 주위에서 보아온 성공적인 삶들에서만큼은 뜻이 있는 곳에 길은 분명히 있었습니다.

　삶에는 숱한 어려움이 있습니다. 하지만 꿈이 있고 의지가 있는 한 세상의 그 어떤 어려움도 극복해야 할 한낱 과정에 불과합니다. 우리의 목표는 '어려움'이 아닙니다. 어려움 앞에서 멈춰서는 안 됩니다. 자신의 가치 있는 이상을 위해, 어려움이 앞을 가로막더라도 그것을 넘어 계속 앞으로 나아가기 바랍니다. 성공에의 확신을 갖고 묵묵히 걷는 가운데 어느덧 성공은 나의 것이 되어있을 것입니다.

　우리는 누구나 성공할 수 있습니다.